글 **남상욱**

동국대학교 문예창작학과를 졸업하고 2004년 대산대학문학상을 받았습니다. 현재는 대학교에서 학생들을 가르치며 글쓰기에 몰두하고 있지요. 하루에도 열두 번씩 재미있으면서도 유익한 글을 쓰고 싶어 발을 동동 구른답니다. 지은 책으로 『위풍당당 고사성어 자신만만 국어왕』, 『개념어휘 한번 알면 평생 국어왕』, 『착한 글 한글』, 『인권은 누가 지켜 주나요?』, 『역사 한 그릇 뚝딱』 등이 있습니다.

그림 **김일경**

일러스트레이터로 활동하며 어린이를 위한 그림책 작업을 비롯해 다양한 분야에서 일러스트 작업을 하고 있습니다. 『Big and Little』, 『응가 말놀이』, 『대결, 괴도 설탕과 돋보기 탐정』과 어린이 교양지 『고래가 그랬어』 등에 그림을 그렸습니다.
디자인 스튜디오 〈겨울엔 토스트가 좋아-LIMPA LIMPA〉를 공동 운영하고 있으며, www.limpalimpa.com에서 더 많은 그림과 작품을 만날 수 있답니다.

감수 **김한주 변호사**

서울대학교 법과대학을 졸업하고 25회 사법시험에 합격하였습니다. 법무법인 시민의 변호사로 일하였으며, 기획 예산처 정부개혁실 공공2팀장을 거쳐 동서법률 사무소 대표 변호사로 일했습니다. 현재 법무법인 동서양재의 대표 변호사로 재직 중입니다. 다양한 정부 기관과 기업체의 고문 변호사 및 법률 자문을 맡고 있습니다.

어느 날, #헌법이 말했습니다

글 남상욱 | **그림** 김일경 | **감수** 김한주 | **사진** shutterstock
펴낸날 2017년 11월 27일 초판 1쇄, 2025년 10월 23일 초판 6쇄
펴낸이 이재성 | **기획·편집** 고성윤 | **디자인** 이원자 | **영업·마케팅** 김미랑
펴낸곳 루크하우스 | **주소** 서울시 서초구 사임당로 50 해양빌딩 504호 | **전화** 02)468-5057 | **팩스** 02)468-5051
출판등록 2010년 12월 15일 제2010-59호
www.lukhouse.com cafe.naver.com/lukhouse

© 남상욱 2017
저작권자의 동의 없이 무단 복제 및 전재를 금합니다.

ISBN 979-11-5568-309-5 73360

잘못된 책은 구입처에서 바꾸어 드립니다.
값은 뒤표지에 있습니다.

※ 한국출판문화산업진흥원 2017년 우수출판콘텐츠 제작 지원 사업 선정작입니다.

상상의집은 (주)루크하우스의 아동출판 브랜드입니다.

겁 없인 살아도
법 없인 못 사는
10대에게

어느 날,
#헌법이
말했습니다

상상의집

| 차례 |

| 프롤로그 | _ 대한민국 헌법 전문(前文) | 4 |

대한민국 헌법	제1장	총강	10
	제2장	국민의 권리와 의무	23
	제3장	국회	50
	제4장	정부	62
	제5장	법원	71
	제6장	헌법 재판소	76
	제7장	선거 관리	81
	제8장	지방 자치	87
	제9장	경제	92
	제10장	헌법 개정	106

에필로그		112
대한민국 헌법	_ 전문(全文)	114
인터뷰	_ 헌법이 말하는 헌법 이야기	130

| 프롤로그 |

사람들은 슈퍼 히어로가 나타나길 바랄 때가 있어.
세상 모든 것이 자기 자신만 힘들게 하는 것 같을 때,
이 세상에 날 지켜 주는 건 아무것도 없는 것만 같을 때,
사람들은 슈퍼 히어로를 바라지.

그런데, 알고 있니?
우리에게는 이미 슈퍼 히어로가 있어.
우리가 행복하고, 공평하고, 정의롭게 살 수 있게 하기 위해
탄생했고
지금 이 순간에도 우릴 지키기 위해 노력하는
슈퍼 히어로.
하지만 안타깝게도, 지금 우리는 그의 존재를 잘 모르고 있어.
우리가 알지 못하니, 슈퍼 히어로 역시 힘을 잃고 말았지.
하지만 걱정하지 마!
우리가 다시 떠올려 알아 가기 시작하면,
슈퍼 히어로는 당장이라도 나타나 우릴 지켜 줄 테니까!

그게 누구냐고?

바로, **헌법이야!**

자유와 부자유가 갈리는 것은
개인의 자유가 어디에서 오느냐에 달렸다.
자유가 있는 나라의 법은
국민의 자유로운 의사에서 나오고,
자유 없는 나라의 법은
국민 중의 한 개인, 또는 한 계급에서 나온다.

― 백범 김구

> **대한민국 헌법 전문**
>
> 유구한 역사와 전통에 빛나는 우리 대한 국민은 3·1 운동으로 건립된 대한민국 임시 정부의 법통과 불의에 항거한 4·19 민주 이념을 계승하고, 조국의 민주개혁과 평화적 통일의 사명에 입각하여 정의·인도와 동포애로써 민족의 단결을 공고히 하고, 모든 사회적 폐습과 불의를 타파하며, 자율과 조화를 바탕으로 자유 민주적 기본 질서를 더욱 확고히 하여…… (다음 페이지에 계속)

대한민국 헌법 전문(前文)은
헌법 조문 앞에 나오는 글로, 정말 아름다운 글이야.
대한민국이 어떤 나라인지 알려주는 국가의 기본 정신을 나타내고,
헌법의 존재 이유, 가치를 잘 보여 주거든.

헌법 전문을 통해 알 수 있는 사실 두 가지가 있어.
대한민국의 정통성은 일제 강점기 시절, 우리나라의 독립을 위해
많은 사람들이 목숨 걸고 저항했던 운동으로 건립된
대한민국 임시 정부에 있다는 것.
그리고 우리 민족이 거대한 불의에 맞서 항거하여 일어난 4.19 혁명이
우리 국민이 계승하고 있는 기본 정신이라는 것이야.

> 과거를 기억하지 못하는 이들에게
> 과거는 반복된다.
> – 조지 산티야나(미국의 철학자)

나는 우리나라가 세계에서
가장 아름다운 나라가 되기를 원한다.
(……중략)
우리나라가 자주 독립하여 정부가 생기거든
그 집의 뜰을 쓸고
유리창을 닦은 일을 해 보고
죽게 허락하소서!

– 백범 김구

헌법 전문을 통해 우리는
헌법이 가장 소중하게 생각하는 존재가 누구인지 알 수 있어.
그건 바로 국민이야.
대한민국 헌법은 모든 국민이 차별 없이 행복한 삶을 살기를 원해.
대한민국의 모든 법률과 규칙은 이러한 헌법 정신 아래 만들어지고 있지.
국민을 사랑하는 헌법의 뜻은 헌법 전문에도 잘 나타나 있어.

…… 정치·경제·사회·문화의 모든 영역에 있어서 각인의 기회를 균등히 하고, 능력을 최고도로 발휘하게 하며, 자유와 권리에 따르는 책임과 의무를 완수하게 하여, 안으로는 국민 생활의 균등한 향상을 기하고 밖으로는 항구적인 세계 평화와 인류 공영에 이바지함으로써 우리들과 우리들의 자손의 안전과 자유와 행복을 영원히 확보할 것을 다짐하면서 1948년 7월 12일에 제정되고 8차에 걸쳐 개정된 헌법을 이제 국회의 의결을 거쳐 국민 투표에 의하여 개정한다.

(시행 1988년 2월 25일. / 헌법 제10호, 1987년 10월 29일 전부 개정)

헌법은 한번 만들어지면 절대 고칠 수 없는
만고불변의 진리 같은 건 아니야.
시대가 변해 절차나 제도와 맞지 않는다거나,
주권을 가진 국민이 원한다면
헌법은 그에 맞게 바뀔 수 있어.

미래의 대한민국 헌법은 어떤 모습일까?
헌법은 국민인 우리가 행복하게 사는 데 큰 영향을 미쳐.
그것이 지금 우리가 헌법을 읽어야 하는 이유이기도 해.

> 사람이 서로 해치지 않게 하는 것이
> 정의의 역할이다.
>
> - 키케로(고대 로마의 정치가)

'총강'이라는 말이 어렵지?
총강이란, 쉽게 풀이하자면 '전체 줄거리 요약과 핵심'이라고
생각하면 돼. 헌법 전체 내용에 담긴 중심 이념과 원리, 사상의 핵심이
총강에 담겨 있는 거야.

> 대한민국은 민주 공화국이다. (1조 1항)
> 대한민국의 주권은 국민에게 있고,
> 모든 권력은 국민으로부터 나온다. (1조 2항)

'대한민국 헌법' 제1장 총강은 처음부터 정확히 밝히고 있어.
대한민국의 주인이 국민이라는 것을.
권력자들이 가지고 있는 그 모든 힘은 국민이 잠시 빌려준 것이고,
만약 권력자들이 자신의 이익을 위해 힘을 잘못 쓴다면
국민은 언제든 그 힘을 다시 되찾아 올 수 있다는 사실을 말이야.

> 우리는 정부가 국민을 소유하는 것이 아니고
> 국민이 정부를 소유하는 나라라면 어느 나라든지 즐거이 환영한다.
>
> – 윈스턴 처칠 (전 영국 수상)

대한민국은 민주 공화국이야.
민주 공화국이란, 국민이 국가의 주인이며,
모든 국민이 주권을 가지고 평등하게 화합하며 사는 나라를 말해.
우리 대한민국이 바로 이런 나라라는 뜻이 헌법에 명시되어 있는 거야.
어찌 보면, 너무 당연한 말 같지?

하지만 우리나라는 1910년까지만 해도 백성들이 왕을 모시는
'군주제 국가'였어. 군주제 국가에서 나라의 주인은 왕이야.
왕이 모든 나랏일을 결정하고, 왕권 역시 대대로 세습되었지.
그리고 왕과 백성은 절대 평등하지 않았어.

하지만 헌법을 통해 대한민국 국적을 가진 모든 사람들은 동등하고
평등한 국민 자격을 얻어. 너무도 당연하게 여겼던 이 말이 사실은
우리의 모든 권리를 보장해 주는 말이었던 거지.

법 위에 아무도 없고, 법 아래도 아무도 없다.

- 프랭클린 루즈벨트 (미국의 32대 대통령)

⚖ **2조 1항** 대한민국의 국민이 되는 요건은 법률로 정한다.
2항 국가는 법률이 정하는 바에 의하여
재외국민을 보호할 의무를 진다.

우리는 모두 대한민국 국민이야.
그런데 이런 생각해 본 적 없어?
'세상에 이렇게 많은 나라들이 있는데 왜 난 태어나자마자
대한민국 국민이 된 걸까?'
그건 바로 우리의 부모님이 대한민국 국민이어서야.

대한민국의 국적법은 세계 어느 지역에서 태어나든, 부모가
대한민국 국민이면 자식도 대한민국 국적을 부여받게 되어 있거든.

우리나라와 반대인 나라도 있어.
미국은 부모가 다른 나라 사람이어도 미국 영토에서 태어나면
자녀가 미국 국적을 부여 받아.

또 '귀화'라는 제도를 통해서 다른 나라의 국적을 갖고 있다 하더라도
일정한 시험과 기준을 통과하면 대한민국의 국적을 부여받을 수 있어.
이렇게 대한민국 헌법 2조 1항에 따라 법률로써 대한민국의 국민이
된 사람들을 국가는 보호해야 할 의무가 있어.
대한민국 헌법 제1장 2조 2항에 따라 대한민국 영토에 있는 국민뿐만
아니라, 외국에 살면서 대한민국 국적을 가진 '재외국민'까지.

요즘은 외국에 살고 있는 대한민국 국민이 많아.
그런 재외국민은 그 나라의 국민이 아니기에,
그 나라 법의 보호를 받지 못하는 경우도 있지.
그런 재외국민을 국가가 보호하지 않으면, 누가 보호해 주겠어?
국민을 보호하는 것. 이것이 바로 국가가 존재하는 이유잖아.

> 국가는 시민의 하인이지 주인이 아니다.
>
> - 존 F. 케네디(미국의 35대 대통령)

> ⚖ 3조 대한민국의 영토는 한반도와 그 부속 도서로 한다.
> ⚖ 4조 대한민국은 통일을 지향하며, 자유 민주적 기본 질서에 입각한 평화적 통일 정책을 수립하고 이를 추진한다.

우리나라가 휴전선을 사이에 두고 남과 북으로 나뉘어진 지
벌써 60년 이상 지났어.
오랜 세월이 흐르는 동안,
'우리의 소원은 통일, 꿈에도 소원은 통일'이란 노랫말도
자주 듣기 어려울 만큼 잊혀지고 있지.
하지만 우리는 잊어도, 헌법은 잊지 않고 있어.
대한민국 헌법 제3조에서 말하고 있는 '한반도'는
북한 지역을 포함한 한반도 전체를 말해.
통일에 관한 필수적이고 당연하고 단호한 의지를 표명한 거야.

우리는 헌법에서 대한민국의 지향점이 통일이라는 것을 확인했어.
하지만 헌법은 절대 무력으로 통일하길 바라지 않아.

대한민국 헌법에서는 남북 통일이
평화적으로 이루어져야 한다고 못 박고 있어.
헌법의 이러한 평화 통일 의지는 아래 조항에서도 드러나.

> ⚖️ **5조 1항** 대한민국은 국제 평화의 유지에 노력하고
> 침략적 전쟁을 부인한다.
> **2항** 국군은 국가의 안전 보장과 국토 방위의 신성한 의무를
> 수행함을 사명으로 하며, 그 정치적 중립성은 준수된다.

이 세상에서 전쟁만큼 끔찍한 일은 없을 거야.
인간이 저지를 수 있는 모든 범죄가 전쟁 가운데 일어나지.
1950년 6월 25일, 우리나라도 '한국 전쟁'을 겪었어.

후손들이 그런 끔찍한 일을 겪지 않고 평화롭게 살 수 있도록
헌법에 대한민국은 침략적 전쟁을 옳지 않게 여기는,
국제 평화주의를 지향하는 나라라고 못 박은 거지.

그럼에도 불구하고, 대한민국에 국군이 있는 이유는,
대한민국이 공격을 받았을 때 나라와 국민을 지키고 방어하기 위해서야.
스스로를 지킬 힘도 없이 평화만 외친다면,
자칫 국가와 국민 모두 위험해질 수 있으니까.

힘없는 정의는 무력하고,
정의 없는 힘은 폭력적이다.

- 파스칼(프랑스의 철학자·수학자)

> ⚖️ **6조 1항** 헌법에 의하여 체결·공포된 조약과 일반적으로 승인된 국제 법규는 국내법과 같은 효력을 지닌다.
> **2항** 외국인은 국제법과 조약이 정하는 바에 의하여 그 지위가 보장된다.

지구상에는 수많은 국가가 있어.
이 국가들이 서로 자신의 이익만을 주장한다면
세계는 큰 혼란에 빠질 거야.
그래서 각 국가들은 서로 협력하며
양국의 발전과 평화를 위해 조약을 맺어.
대개 이러한 조약은 정부가 국가를 대표해 맺는 게 일반적이야.

하지만 가끔 국민 정서에 반하는 조약이 체결되려고 할 때,
국민들이 항의하며 조약 체결을 반대할 수도 있어.
이럴 때 정부는 최대한 국민 전체의 의견에 귀 기울여야 해.
국민의 의사가 반영되지 않은 조약을 정부가 강행해 체결한다는 건,
민주 공화국인 대한민국의 기본 원리에 어긋나는 거니까.

국민이 통제하지 않으면,
어떤 정부도 계속 좋은 일을 할 수 없다.

- 토마스 제퍼슨(미국의 3대 대통령이자, 미국 독립 선언서의 기초위원)

> ⚖️ **7조 1항** 공무원은 국민 전체에 대한 봉사자이며, 국민에 대하여 책임을 진다.
> **2항** 공무원의 신분과 정치적 중립성은 법률이 정하는 바에 의하여 보장된다.

국가가 잘 운영되기 위해서는 많은 사람들의 도움이 필요해.
그래서 국가는 일을 맡길 공무원을 뽑지.
공무원은 다른 직업과는 조금 달라.
공무원은 국민을 위해 책임지고 봉사하는 사람이거든.
대통령도 공무원이라는 사실, 알고 있어?
그러니까 대통령은 나라를 다스리는 사람이 아니야.
국민을 위해 나라의 궂은일을 도맡아 하는 봉사자인 거지.

> 나에게 임시 정부의 청사를 지키는 문지기를 시켜 주십시오.
> 후일 독립 정부가 생기면 정부의 뜰을 쓸고 문을 지키는 문지기가 되리라 결심했습니다.
>
> – 백범 김구

⚖️ **8조 1항** 정당의 설립은 자유이며, 복수 정당제는 보장된다.

2항 정당은 그 목적·조직과 활동이 민주적이어야 하며, 국민의 정치적 의사 형성에 참여하는 데 필요한 조직을 가져야 한다.

3항 정당은 법률이 정하는 바에 의하여 국가의 보호를 받으며, 국가는 법률이 정하는 바에 의하여 정당 운영에 필요한 자금을 보조할 수 있다.

4항 정당의 목적이나 활동이 민주적 기본 질서에 위배될 때에는 정부는 헌법 재판소에 그 해산을 제소할 수 있고, 정당은 헌법 재판소의 심판에 의하여 해산된다.

대한민국 헌법 8조는 정당에 대해 다루고 있어.
말이 조금 어렵지?

현대 민주주의 제도에서 정당은 굉장히 중요한 역할을 하기 때문에,
이렇게 자세히 써놓은 거야.
좋은 국가를 만들고 싶다는 마음은 개개인 모두가 같을 거야.
하지만 개개인이 생각하는 좋은 국가의 모습도 다르고,
그런 국가를 만들기 위한 방법도 다르겠지.
그래서 사람들은 생각이 맞는 사람들끼리 모여
자신들이 생각하는 좋은 나라를 만들기 위해 행동하는 단체를
만들었어. 이러한 단체가 바로 정당이야.

대한민국에서는 누구나 자유롭게 정당을 만들 수 있어.(1항 복수 정당제)
하지만 이렇게 만들어진 정당의 목적과 활동은
민주적이어야 하고(2항),
국가는 이러한 정당에 물질적인 도움을 줄 수 있어.(3항)

하지만 만약, 어떤 정당의 목표가 국민 대다수가 생각하는 '좋은 국가'와
완전히 동떨어져 있을 뿐만 아니라,
정당 활동 역시 민주주의를 위협하거나 민주적이지 않다면
어떻게 해야 할까?
그럴 때는 정부가 제소, 즉 소송을 걸어
헌법 재판소에서 정당을 해산시킬 수 있어.(4항)

1952년, 독일 정부는 나치 이념을 내걸은 정당을
해산시킨 적이 있었지. 우리나라도 2014년에
헌법 재판소에서 통합진보당 해산 결정을 내린 적이 있어.

> ⚖️ **9조** 국가는 전통문화의 계승·발전과 민족 문화의 창달에 노력하여야 한다.

과학 기술이 발달한 오늘날에는
세계 여러 나라의 문화를 쉽고 자유롭게 즐길 수 있기 때문에
전통문화와 민족 문화에 관심을 갖기 어려울 수도 있어.
하지만 문화는 그 나라와 민족의 정신을 곧추세우는 지지대 역할을 해.
우리가 만약 우리 고유의 문화를 잊어버린다면,
오랜 세월 동안 이어져 온 우리의 민족 정신도 함께 잊고 마는 거야.
이렇듯 우리 선조들은 문화의 중요성을 잘 알았기에,
헌법에 이러한 조항을 넣었지.

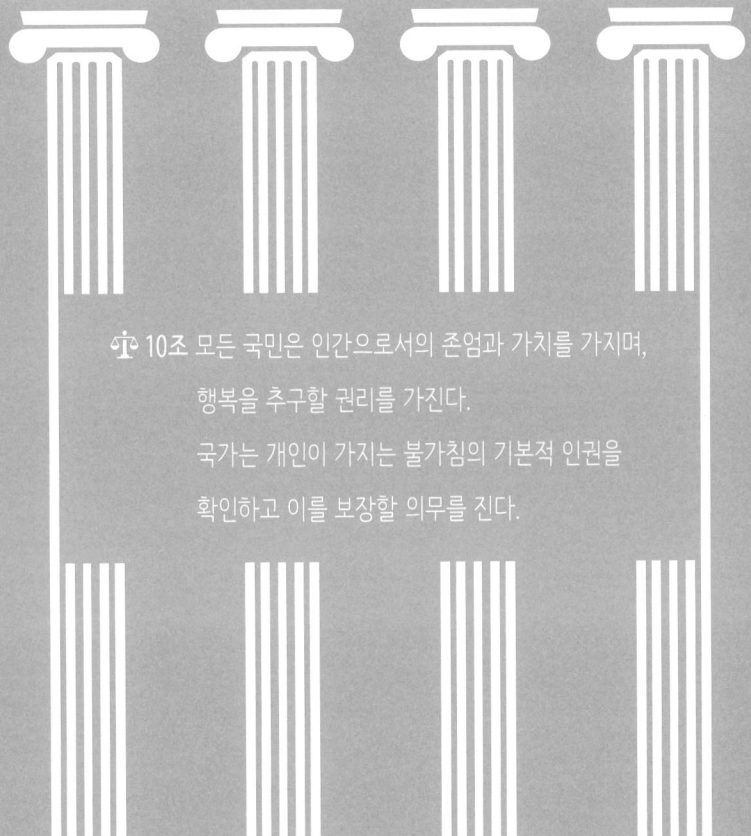

대한민국 헌법 제2장은
국민의 권리와 의무에 대한 내용을 다루고 있어.
대부분의 조항이 인간이라면 꼭 가져야 할 기본적인 권리,
즉 기본권에 바탕을 두고 있지.
2장을 끝까지 다 읽어 보면,
우리가 가진 권리가 이렇게 많았었나 하는 생각이 들 거야.

2장의 첫 조항인 제10조를 읽다 보면 왠지 마음이 벅차올라.
인간으로, 그리고 대한민국 국민으로 태어난 것만으로도
존엄과 가치를 가지며, 행복을 추구할 권리를 가진다니 말이야.
게다가 국가의 의무가 개인의 기본적 인권을 지키고 보장하는 거라니,
정말 멋지지 않아?

그런데 이 조항을 한 번 더 깊게 생각해 볼 필요가 있어.
인간답게 살며 행복을 추구할 권리가 있다는
'행복 추구권'은 국민 모두에게 있어.
그런데 만약 국민 한 명이 행복을 추구한다는 명목 아래,
다른 모든 국민의 행복을 빼앗으려 한다면 어떻게 되는 걸까?

예를 들어 볼게.
어느 기업가가 돈을 많이 벌기 위해 강에 폐수를 몰래 버려서,
그 강물을 마신 사람들이 모두 병에 걸린다면?
또는 어느 정치가가 자신만을 위한 법을 만들어서
다른 국민 모두를 불행하게 한다면?

더불어 살아가는 사회에서 개인의 행복 추구권 범위는
타인의 행복을 방해하지 않거나
헌법 질서, 도덕을 위반하지 않는 선까지야.

> 모든 사람은 평등하게 태어났으며,
> 조물주는 몇 개의 양도할 수 없는 권리를 부여했으며,
> 그 권리 중에는 생명과 자유와 행복의 추구가 있다.
>
> - 미국 독립 선언서 내용 중

> ⚖️ **11조** 모든 국민은 법 앞에 평등하다. (······중략)

헌법의 각 조항은 아주 섬세한 내용으로 이루어져 있어.
여기서는 우리가 꼭 알아야 할 조항의 핵심부터 살펴볼게.

11조는 평등권에 대한 내용을 다루고 있어.
세상에 똑같은 사람은 없어. 모두 다르지.
그런 다양성이 인류 문화를 발전시킨 원동력이 되기도 했어.
하지만 '다르다'를 '틀리다'고 생각하고 차별하려 하지.
19세기 미국에서는 피부색이 다르다는 이유로
수많은 흑인을 노예로 부리며 차별했어.

대한민국 헌법은 모든 국민들이 합리적 이유 없이 차별받지 않도록
'모든 국민은 법 앞에 평등하다'고 밝히며,
법을 통해 평등권을 보장하고 있어.

이렇게 모든 국민이 평등한 대한민국에
신분 제도가 없는 건 너무나 당연한 일이야.
영국과 일본을 비롯한 몇몇 국가에서는
왕과 왕족, 그리고 귀족이 존재하고 있지.

만인은 법 앞에 평등하다.
- 나폴레옹 법전에 담겨 있는 사상 중

⚖️ **12조** 모든 국민은 신체의 자유를 가진다. (……중략)

노예 제도가 있던 과거에는
주인이 노예가 도망치는 걸 막기 위해 노예의 발에 족쇄를 채웠어.
이후 노예 제도가 사라지면서 자유를 찾은 노예들이 가장 먼저 한 일은
바로 자신을 구속하던 족쇄를 벗어 던진 거였어.
이처럼 신체의 자유는 인간에게 가장 중요한 권리야.
신체의 자유를 억압당한다면, 노예와 다를 바가 없게 돼.
그래서 헌법에 신체의 자유를 분명하게 명시해 둔 거야.

고문을 받지 않을 권리가 있고(고문의 금지와 묵비권),
법적 명령서 없이는 체포당하거나 감옥에 갇히지 않을
권리가 있지.(영장주의) 하지만 개인이 타인의 권리를 침해한다면
국가는 타인의 권리를 침해한 사람의 신체의 자유를 제한할 수 있어.
하지만 굉장히 까다롭고 신중한 과정을 거쳐 이루어져야 해.

모든 국민은, 죄가 확정되기 전까지 무죄로 보는
'무죄추정의 원칙'에 따라 법률에 정해진 대로 재판을 받을 수 있어.
또한 원한다면 자신을 도와줄 변호인을 구할 수 있고,
만약 변호인을 구할 수 없다면 국가에서 선정하고 임명한 변호인인
'국선 변호인'을 붙여 줘야 해.
그리고 만약 피고인의 자백 외에,
유죄를 증명할 다른 증거가 아무것도 없다면,
이를 이유로 피고인을 처벌할 수 없어.

어찌 보면 이런 까다로운 절차들 때문에
범죄자들이 날뛰는 거라고 생각할 수도 있을 거야.
하지만 만약, 국가가 사람들을 마음대로 체포할 수 있다면,
국가 권력자들이 자신의 눈에 거슬리는 사람을
함부로 체포하는 일이 벌어질 수도 있어.
우리는 이미 지난 역사를 통해 그 가능성을 경험했지.
독재 정치에 저항하는 사람들을 고문해, 있지도 않은 죄를 자백하게
하고 사형을 내려 결백을 밝힐 기회조차 박탈했지.
우리 모두의 자유를 지키기 위해,
신체의 자유를 제한하는 근거와 법률 규정은 까다로울 수밖에 없어.

열 명의 범죄자를 놓치더라도,
한 명의 무고한 사람이 고통당해서는 안 된다.

– 윌리엄 블랙스톤(18세기 영국의 법학자·재판관)

헌법 제13조는 대한민국 형법의 중요한 원칙 네 가지를 다루고 있어.
그래서 하나하나 살펴보는 게 좋을 것 같아.

> ⚖️ **13조 1항** 모든 국민은 행위시의 법률에 의하여 범죄를 구성하지
> 아니하는 행위로 소추되지 아니하며,
> 동일한 범죄에 대하여 거듭 처벌받지 아니한다.

'모든 국민은 행위시의 법률에 의하여
범죄를 구성하지 아니하는 행위로 소추되지 아니하며'라는 말은
'형벌 불소급의 원칙'을 일컫는 말이야.
쉽게 말하면, 국민은 죄를 지은 당시에 있었던 법에 의해서만
처벌 받을 수 있다는 거야.
만약 새로운 법이 생겼다는 이유로 과거 죄를 짓지 않았던 사람을
이제는 죄인이라며 처벌할 수 있게 된다면 어떨까?
권력자가 눈에 거슬리는 국민을 벌주기 위해
함부로 법을 만들 수도 있지 않을까?

'동일한 범죄에 대하여 거듭 처벌받지 아니한다'는
'일사부재리의 원칙'을 일컫는 말이야.
한 번의 죄로 인해 두 번이나 벌을 받지는 않아도 되니까 말이야.

> 부당한 법률은 그 자체가 일종의 폭력이다.
> 그 법률 위반에 대한 체포는 더한 폭력이다.
> – 마하트마 간디 (인도의 지도자)

> ⚖️ **13조 2항** 모든 국민은 소급 입법에 의하여 참정권의 제한을 받거나 재산권을 박탈당하지 아니한다.

이 조항은 앞서 살펴본 형벌 불소급의 원칙을
선거권 등의 참정권과 경제적 자유권에도 확장해 적용한 거야.
새로 생긴 법으로 인해 과거의 일을 처벌 받지 않을 뿐만 아니라,
다른 어떠한 피해를 입지 않아야 한다는
'소급 입법 금지의 원칙'을 다시 한 번 강조한 거지.

> ⚖️ **13조 3항** 모든 국민은 자기의 행위가 아닌 친족의 행위로 인하여 불이익한 처우를 받지 아니한다.

조선 시대에는 반역을 일으킨 죄인에게 삼족을 멸하는 벌을 내렸어.
자기를 비롯해서, 자신과 관계된 모든 가족을 죽이는 끔찍한 형벌이지.
이렇게 자신의 친족이 저지른 죄의 책임을 지게 하는 것을
'연좌제'라고 해.

6.25 전쟁 이후, 우리나라에서도 가족 중 한 명이 북한에 협력하고
도움을 주었다는 이유로, 가족이 모두 평생 고통받는 일이 흔했지.

앞에서 신체의 자유 이야기를 하면서 족쇄 이야기를 했었지?
연좌제는 보이지 않는 족쇄와 같아.
그래서 헌법은 13조 3항을 통해 연좌제를 금지한다고 밝힌 거야.

헌법 제14조부터 22조까지는

국민이 가질 수 있는 자유의 종류에 대해 말하고 있어.

같이 한번 살펴볼까?

> ⚖️ **14조** 모든 국민은 거주·이전의 자유를 가진다.
>
> ⚖️ **15조** 모든 국민은 직업 선택의 자유를 가진다.
>
> ⚖️ **16조** 모든 국민은 주거의 자유를 침해받지 아니한다. 주거에 대한 압수나 수색을 할 때에는 검사의 신청에 의하여 법관이 발부한 영장을 제시하여야 한다.
>
> ⚖️ **17조** 모든 국민은 사생활의 비밀과 자유를 침해받지 아니한다.
>
> ⚖️ **18조** 모든 국민은 통신의 비밀을 침해받지 아니한다.
>
> ⚖️ **19조** 모든 국민은 양심의 자유를 가진다.
>
> ⚖️ **20조** 모든 국민은 종교의 자유를 가진다. (……중략)
>
> ⚖️ **21조** 모든 국민은 언론·출판의 자유와 집회·결사의 자유를 가진다. (……중략)
>
> ⚖️ **22조** 모든 국민은 학문과 예술의 자유를 가진다. (……중략)

헌법은 국민이 어떤 자유를 누릴 수 있는지 자세하게 알려 줘.

이를 반대로 생각해 보면,

오늘날의 헌법이 있기 전에는

그만큼 국민의 자유가 많이 제한되고 있었다는 거야.

자유가 제한된다는 것이 어떤 느낌인지 잘 모르겠다고?

우리와 가까이 있는 나라를 한번 생각해 봐.

일부 지배층이 권력을 쥐고, 대다수의 국민을 억압하고 있는 북한 말이야.
자, 우리나라의 헌법과 북한의 실상을 비교해 볼까?

> ⚖ **14조** 모든 국민은 거주·이전의 자유를 가진다.

마음대로 이사를 가거나 여행을 가는 건 북한 주민들에겐
상상도 못할 일이야.

> ⚖ **15조** 모든 국민은 직업 선택의 자유를 가진다.

자기가 하고 싶은 일이 있다고 해서 할 수 있는 게 아니라,
지배층의 허락을 받아야 하지.

> ⚖ **16조** 모든 국민은 주거의 자유를 침해받지 아니한다.
> 주거에 대한 압수나 수색을 할 때에는 검사의 신청에 의하여
> 법관이 발부한 영장을 제시하여야 한다.

북한의 지배층은 독재 체제를 비판하는 사람들을 색출한다는 명목하에
주민들의 일거수일투족을 감시하고, 집 안을 샅샅이 훑어보는 일이 잦지.

> 나를 가두는 진정한 감옥은 두려움입니다.
> 그리고 진정한 자유는 바로 두려움으로부터
> 자유로워지는 것입니다.
> - 아웅산 수지 (미얀마의 정치인. 노벨평화상 수상자)

북한이 이렇게 주민들을 억압하는 이유는,
주민들의 마음속에 두려움을 일으켜서
그들의 자유를 빼앗고 독재 체제를 유지하기 위해서야.

> ⚖ **18조** 모든 국민은 통신의 비밀을 침해받지 아니한다.

북한에서는 하루 24시간 도청을 당하거나
인터넷을 쓸 수 있는 극소수의 사람들마저
인터넷으로 무얼 하는지 감시당하고는 해.

> ⚖ **19조** 모든 국민은 양심의 자유를 가진다.

북한 주민들은 자신의 양심에 따라 행동할 수 없어.
지배층이 원하는 대로 행동하고, 생각해야만 하지.

> ⚖ **20조** 모든 국민은 종교의 자유를 가진다. (……중략)

북한은 어떠한 종교도 허용하지 않아.
대신 '김일성-김정일-김정은'으로 이어지는 김씨 삼대 부자를
종교처럼 믿게 하지.

> ⚖️ **21조** 모든 국민은 언론·출판의 자유와 집회·결사의 자유를 가진다. (……중략)

북한의 방송, 신문, 도서는 모두 북한 정부에서 만들어 내.
그러니 당연히 북한의 독재 체제를 찬양하는 내용만 담겨 있는 거야.
또한 북한에서는 주민들이 함부로 모이는 걸 엄격히 금지해.
그러니 집회를 하거나 자신들의 생각을 담은 단체를 만드는 건
상상도 못할 일이야.

> ⚖️ **22조** 모든 국민은 학문과 예술의 자유를 가진다. (……중략)

북한에서 이루어지는 학문과 예술은 모두 목표가 있어.
바로 북한의 독재 체제를 공고히 하고
김씨 삼대 부자의 세습을 정당화하는 것이야.
이 목표에 부합하지 않는 학문과 예술을 엄격히 금지하지.

어때? 이렇게 비교해 보니
자유가 없다는 게 어떤 느낌인지 알겠지?
이제 우리나라가 얼마나 자유로운지도 알 수 있을 거야.
우리가 누리고 있는 자유는 바로 헌법이 보장한 권리라는 거지.

⚖️ **23조** 모든 국민의 재산권은 보장된다. (……중략)

우리는 누구나 노력한 만큼 돈을 모아 부자가 될 수 있어.
이런 당연해 보이는 권리 역시, 헌법 덕분에 지켜지는 거야.
민주주의 국가가 경제적으로 빠르게 성장한 이유 중 하나가,
바로 국민들의 재산권을 보장해 줬기 때문이기도 해.
모든 국민이 열심히 노력해서 자유롭게 돈을 벌고, 쓰고, 모으다 보니
자연스럽게 경제가 발전한 거지.

하지만 개인의 재산권보다 우선되는 게 있어. 바로 공공의 이익이야.
그래서 한 개인이 자기 재산권을 지키기 위해
공공의 이익을 저해하는 일을 벌이면,
국가는 법률로 제제를 가할 수 있게 되어 있어.
헌법이 지향하는 사회는 '나만 잘사는 사회'가 아닌,
'모두 잘사는 사회'거든.

그러니 우리는 무작정 부자가 되기를 바라기보다,
먼저 올바른 부자가 되기를 바라야 하겠지.

재산이 많은 사람이
그 재산을 자랑하고 있더라도
그 돈을 어떻게 쓰는지 알 수 있을 때까지는
그를 칭찬하지 말라.

- 소크라테스 (그리스의 철학자)

> ⚖️ **24조** 모든 국민은 법률이 정하는 바에 의하여 선거권을 가진다.

선거는 국민들이 자신들을 대신해
국민의 의사 결정을 담당할 사람을 뽑는 일이야.
그러니 국가의 주인인 국민이 선거권을 갖는 것은 당연해.
하지만 모든 국민이 선거권을 갖게 되기까지는
정말 많은 시간이 걸렸어.

먼 옛날, 그리스는 최초로 민주주의를 실현한 나라였지만
당시 여자와 노예는 정치에 참여할 수 없었어.
그 후, 19세기에 이르러
전 세계적으로 많은 민주주의 국가가 생겨난 뒤에도,
여성, 노예, 빈민을 막론한 모든 국민이 선거권을 가지기까지는
시간이 조금 더 필요했지.

우리나라 역시,
모든 국민이 자유롭게 투표할 권리를 갖게 된 건
그리 오래된 일이 아니야.
군부 독재 시절, 권력자들은 더 길게,
영원히 권력을 잡기 위해서 '간접 선거'라는 걸 만들었어.

국민이 직접 대통령을 뽑는 '직접 선거'가 아닌,
특정 대표인들이 모여 대통령을 뽑는 '간접 선거'를 하면,

군부 독재 시절인 만큼, 자신을 지지하는 사람들만 모아 투표하게 해서
쉽게 대통령이 될 수 있었거든.

그러자 우리 국민들은 분노했어.
그리고 거리로 나와 민주화를 위해 싸웠지.
그때 앞서 싸우다 안타깝게 목숨을 잃거나 크게 다친 분들도 있어.
그런 분들의 노력과 희생이 있었기에,
지금 모든 대한민국 국민이 선거권을 가질 수 있게 된 거야.

정치를 외면한 가장 큰 대가는
가장 저질스러운 인간들에게 지배당한다는 것이다.

- 플라톤(고대 그리스의 철학자)

> **25조** 모든 국민은 법률이 정하는 바에 의하여
> 공무 담임권을 가진다.

공무 담임권이란 국민이 국가나 지방 자치 단체 구성원인 공무원이
될 수 있는 권리를 말해. 즉, 25조는 모든 국민이 차별 없이
공무원이 될 수 있는 권리를 가지고 있음을 말해 줘.

> **26조 1항** 모든 국민은 법률이 정하는 바에 의하여
> 국가 기관에 문서로 청원할 권리를 가진다.
> **2항** 국가는 청원에 대하여 심사할 의무를 진다.

국가 기관은 국민의 권리를 지키고 보호하기 위해 만들어졌어.
하지만 만약 그런 국가 기관이 자신의 권리를 침해한다면?

그럴 때를 대비해서 헌법은 국가 기관을 감시하고,
국민은 직접 자신이 원하는 것을
국가 기관에 요구할 권리인 청원권을 가질 수 있다고 명시해 놨어.
그리고 국가 기관은 모든 국민의 청원을 확인하고,
그 요구가 정당하다면 받아들이고
결과를 국민에게 통보할 의무가 있어.

> ⚖️ **27조** 모든 국민은 헌법과 법률이 정한 법관에 의하여 법률에 의한 재판을 받을 권리를 가진다. (……중략)

'재판'이라는 말을 들으면 이상하게 무서운 느낌이 들지?
하지만 사실, 재판은
우리 국민의 권리를 지키기 위해 꼭 필요한 장치야.
만약 우리가 국가나 힘 있는 사람에게
우리의 권리를 부당하게 빼앗기면,
우리는 재판을 통해 다시 그 권리를 되찾고
우리의 권리를 빼앗은 사람에게 벌을 줄 수 있어.

잊지 마, 재판은 우리를 벌주기 위한 것이 아니야.
재판은 선량한 국민을 지켜 주는 울타리 같은 존재야.

법이란 천자(天子)와 천하 백성이 함께
지켜야 하는 것입니다.

- 정위 장석지(고대 중국 한나라의 명재판관)

⚖ **28조** 형사 피의자 또는 형사 피고인으로서 구금되었던 자가 법률이 정하는 불기소 처분을 받거나 무죄 판결을 받은 때에는 법률이 정하는 바에 의하여 국가에 정당한 보상을 청구할 수 있다.

모든 재판은 공정해야 해.
하지만 사람이 하는 일이니만큼, 실수도 있기 마련이지.
그래서 때로는 죄를 짓지 않았는데도
억울하게 벌을 받는 사람이 생길 수도 있어.
그럴 경우 헌법은,
국가가 어떤 식으로든 보상을 해 줘야 한다고 명시하고 있지.

> ⚖️ **29조** 공무원의 직무상 불법 행위로 손해를 받은 국민은 법률이 정하는 바에 의하여 국가 또는 공공 단체에 정당한 배상을 청구할 수 있다. 이 경우 공무원 자신의 책임은 면제되지 아니한다. (……중략)

만약 국민에게 봉사해야 할 공무원이 부주의나 실수로,
또는 자신의 이득만을 위해 불법 행위를 하면 어떻게 될까?
그럼 다른 국민들이 그 불법 행위로 인해 불편과 손해를 겪을 거야.
그럴 때 국민은 헌법 29조에 보장된 권리에 따라,
당당히 국가와 공무원에게 책임을 묻고 배상을 요구할 수 있어.

> ⚖️ **30조** 타인의 범죄 행위로 인하여 생명·신체에 대한 피해를 받은 국민은 법률이 정하는 바에 의하여 국가로부터 구조를 받을 수 있다.

만약에 나쁜 사람들이 함부로 범죄를 저질러서
선량한 국민들에게 피해를 입혔는데도
국가가 도와주지 않는다면 어떻게 될까?
사람들이 이렇게 위험하고 불안정한 국가의 국민으로 살고 싶겠어?
아마 모두들 그 국가를 떠나 버리고 말 거야.
그래서 대한민국 헌법은
국가가 타인의 범죄로 인해 피해를 입은 국민을
보호할 의무가 있다고 말하고 있는 거지.

> ⚖️ **31조** 모든 국민은 능력에 따라 균등하게
> 교육을 받을 권리를 가진다. (……중략)

과거에는 교육이야말로 지배층이 누릴 수 있는 특권이었어.
그때는 지배를 받는 계층이 똑똑해지는 걸 두려워한 지배층이
피지배층의 배움의 길을 막았지.
그래서 대부분의 사람들은 배우고 싶어도 배울 기회가 없었어.

하지만 이제 대한민국 모든 국민들은 교육을 받을 수 있어.
대한민국 국민은 반드시 중학교까지는 의무적으로 다녀야 해.
물론 초등학교를 비롯한 중학교까지의 모든 교육은
누구나 무상으로 받을 수 있어.
이렇게 법률에 따라 일정 나이가 된 아이가
의무적으로 받아야 하는 교육을 '의무 교육'이라고 해.
의무 교육에 드는 비용은 국가 세금으로 충당하지.
모든 국민이 교육을 받는 것이
국가 발전에 훨씬 큰 도움이 된다는 걸 알기에, 이런 제도를 만들고
헌법에도 국민이 교육을 받을 권리가 있음을 명시한 거야.

> ⚖️ **32조** 모든 국민은 근로의 권리를 가진다. (……중략)

일을 한다는 건 단순히 돈을 벌기 위해서만이 아니야.
사람은 일을 통해 성취감을 느끼고,

자기 계발을 할 수 있거든.
일은 사람을 성장하게 하는 수단인 거지.

그래서 헌법은 모든 국민이 차별 당하지 않고
일을 할 수 있도록 이런 조항을 만든 거야.
물론 국가 역시, 발전을 위해 많은 국민들이 일을 하길 원해.

그래서 국가는 국민이 행복하게 일할 수 있는
환경을 만들기 위해 여러 법률을 만들며 노력하지.

일하는 근로자가 인간의 존엄성을 보장받을 수 있도록
근로 조건의 기준을 정한 '근로 기준법'을 시작으로,
국민이 행복하게 일할 수 있는 권리를 지키기 위한
여러 법률들이 만들어졌어.

> ⚖ **33조** 근로자는 근로 조건의 향상을 위하여 자주적인
> 단결권·단체 교섭권 및 단체 행동권을 가진다. (……중략)

근로자는 다수지만 약자고, 사업자는 소수지만 강자야.
그래서 헌법은 근로자가 자신의 권익을 지킬 수 있도록
중요한 세 가지 권리인 '노동 삼권'을 보장해 놓았어.
근로자들이 단체를 만들고 가입힐 수 있는 '단결권',
이렇게 만들어진 단체의 대표가 노동 조건에 대해
사업자와 교섭할 수 있는 '단체 교섭권',

그리고 근로자들이 자신들의 주장을 관철하기 위해 파업 등
단체 행동을 할 수 있는 '단체 행동권'이 있어.
이 노동 삼권은 근로자들이 자신의 노동 환경을 개선하기 위해
꼭 필요한 권리야.

우리는 기계가 아니다!

- 전태일 열사

지금 대한민국의 노동 환경이 이만큼 발전한 건,
근로자의 권리 향상을 위해 목숨을 걸고 싸운
전태일 열사 같은 분들의 노력 덕분이야.

> ⚖ **34조** 모든 국민은 인간다운 생활을 할 권리를 가진다. (……중략)

인간다운 생활.
이 한마디보다 중요한 단어가 또 어디 있을까.
인간다운 생활을 누리기 위해 어떤 것들이 필요할까.
단순히 최저 수준의 의식주가 해결되는 것만으로는

'인간다운 생활'이라 부르기 힘들 거야.
헌법에 명시한 만큼, 국가는 계속해서 노력해야 해.
국민들을 위한 복지 정책을 펴는 것은 물론이고,
갑자기 닥칠 수도 있는 재난이나 전쟁 같은 위협에도
국민을 보호할 수 있어야 해.
이렇게 국가가 국민의 안전망 역할을 해 줄 때,
국민도 국가를 믿고 자신의 능력을 100퍼센트 발휘할 수 있게 돼.

> ⚖️ **35조** 모든 국민은 건강하고 쾌적한 환경에서 생활할
> 권리를 가지며, 국가와 국민은 환경 보전을 위하여
> 노력하여야 한다. (……중략)

봄만 되면 중국에서 불어오는 미세 먼지 때문에
고생하는 사람들이 많아.
숨 쉬기만 불편한 게 아니라,
건강까지 나빠지면서 심지어 목숨을 잃는 사람도 있다고 해.
이처럼 환경 문제는
우리 모두를 위험에 빠뜨릴 수 있는 심각한 문제야.

<u>자연은 우리 것이 아니라
우리 후손에게 잠시 빌려 온 것이라는 말이 있어.</u>
만약 우리가 계속 자연환경을 망치고 파괴하면
우리 후손들은 지금보다
훨씬 더 척박하고 오염된 환경에서 살 수밖에 없겠지.

그러니 환경 문제만큼은

국가와 국민 모두 한마음 한뜻으로 노력해야만 해.

자연에서 등을 돌리는 것은

결국 우리 행복에서 등을 돌리는 것과 같다.

- 새뮤얼 존슨(영국의 시인, 평론가)

가족은 사회 공동체의 가장 작은 단위야.
가족이 모여서 마을이 되고, 마을이 모여 사회가 되고,
사회가 커져서 국가가 되지.

> ⚖️ **36조** 혼인과 가족 생활은 개인의 존엄과 양성의 평등을 기초로 성립되고 유지되어야 하며, 국가는 이를 보장한다. (……중략)

그러니 만약 뿌리가 되는 가족 제도가 흔들리면
결국 국가까지 흔들리게 되는 거야.
그래서 이를 헌법에 명시해
가족 제도가 개인의 존엄과 양성 평등을 보장할 수 있도록 노력하지.

사랑은 가장 가까운 사람인
가족을 돌보는 것에서부터 시작된다.

- 마더 테레사 (가톨릭 수녀, 노벨평화상 수상자)

> ⚖️ **37조** 국민의 자유와 권리는 헌법에 열거되지 아니한 이유로 경시되지 아니한다. (……중략)

봐, 헌법이 얼마나 꼼꼼하고 세심한지 알겠지?

지금까지 이렇게 세세하게 국민의 자유와 권리에 대해 써 놓았어도,
혹시 빼놓은 부분이 있을까 봐 이렇게 한 번 더 못 박은 거라고.
국민의 자유와 권리는 너무도 기본적인 것이기에
헌법에 적혀 있지 않다는 이유로 무시당할 수 없다고 말이야.

> ⚖ **38조** 모든 국민은 법률이 정하는 바에 의하여
> 납세의 의무를 진다.

국가가 국민을 위해 수많은 정책을 시행하기 위해서는,
경비, 즉 돈이 필요해.

하지만 만약 국가가 이익을 내서 돈을 벌기 위해
전기나 수도 같은 공공재의 가격을 터무니없이 올리면
어떤 일이 일어나겠어?
전기세 낼 돈이 없어서 밤에도 어둡게 지내고,
수도세 낼 돈이 없어 물도 제대로 마실 수 없는 사람들이 생겨날 거야.
그래서 국민들은 자신이 버는 소득에서 법률이 정한
일정 부분을 떼어 세금으로 국가에 내지.
대한민국 국민은 세금을 내야 하는 의무가 있다는 사실,
잊지 말라고!

> ⚖ **39조** 모든 국민은 법률이 정하는 바에 의하여
> 국방의 의무를 진다. (……중략)

대한민국은 북한과 휴전 중이야.

때문에 대한민국 남성은 군대를 가야 하는 병역의 의무를 지고,

대한민국 국민은 전쟁시는 물론

평상시에도 국방을 위해 필요한 일을 해야 하는 의무가 있다고

헌법에 명시해 두었어.

국방은 국가와 우리 국민 모두를 위한 일이니까.

> 모든 권리에는 책임,
> 모든 기회에는 책무가,
> 모든 소유에는 의무가 따른다.
>
> - 록펠러 2세(미국의 사업가)

이것으로 대한민국 헌법 제2장 국민의 권리와 의무에 대한

조항을 모두 살펴봤어.

어때? 우리가 대한민국 국민으로서 가질 수 있는 권리가

얼마나 많은지 이제 알겠지?

아마 헌법에 명시된 대부분의 권리는

그동안 권리인지도 모르고 누렸던 것들이었을 거야.

당연히 누려야 하는 권리라고 생각했겠지.

괜찮아. 오히려 자유가 이렇게 자연스럽게

우리 국민의 삶 속에 스며들어 자리 잡았다는 뜻이니까, 좋은 일이지.

다만 지금도 이렇게 공기처럼 자유롭게 누리는 권리를,

어떤 사람들은 한 번도 누리지 못한 채

생을 마감하고 있다는 걸 꼭 기억해 줘.

민주주의 국가에서 가장 경계해야 할 것은
권력이 한쪽으로 집중되는 거야.
만약 그렇게 된다면, 권력을 가진 쪽이 그 힘을 계속 차지하기 위해
독재 정치를 하게 될지 모르는 일이거든.

그래서 대부분의 민주주의 국가는
대등한 관계에 있는 각각의 국가 기관을 세워
권력을 분산시키고, 각 국가 기관들이 서로 견제하게 만들었어.
국가와 국민을 위한 법을 만드는 입법권을 가진 국회(입법부),
법에 따라 국가를 운영하는 행정권을 가진 정부(행정부),
법을 어기는 사람들을 심판하는 사법권을 가진 법원(사법부),
이렇게 세 기관으로 각각 나뉘어서 서로 견제하고
세력 균형을 유지시키는 제도를 삼권 분립이라고 해.

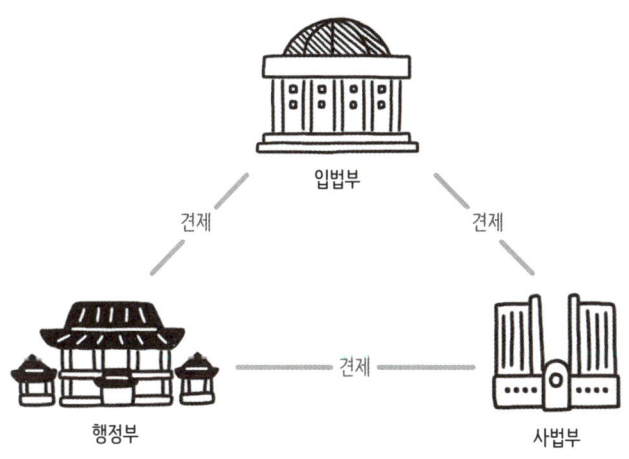

이 세 기관이 대등하고 공정하게 운영되는 것이야말로,
건강한 민주주의 국가가 되는 첫걸음이야.
그래서 헌법에 입법부인 국회, 행정부인 정부, 사업부인 법원이 어떻게 구성되어야 하는지를 상세하게 명시해 두었지.

이제부터는 전문적이고 상세한 헌법 조항이 많이 나와.
그래서 정말 중요한 것만 다루려고 해.

> ⚖️ **40조** 입법권은 국회에 속한다.

대한민국에서 법을 만들 수 있는 곳은 국회뿐이야.
과거에는 왕이 나라를 다스리며 법까지 직접 만들었지.
물론 세종대왕처럼 백성을 위한 좋은 왕도 있었지.
하지만 영국 역사가이자 정치가인 액튼 경이 말한
"모든 권력은 부패한다. 절대 권력은 절대 부패한다."라는 말처럼
권력이 한 사람에게 독점된 왕정 국가는 점점 부패할 수밖에 없어.
나쁜 왕은 자기 권력을 강화하기 위한 법을 만들기 일쑤였어.
그 과정에서 악법도 탄생했고,
악법에 고통받는 건 결국 백성들이었지.

그래서 민주주의 국가에서는 권력을 가진 한 사람이
독단적으로 법을 만들어 권력을 휘두르지 못하도록
법을 만들 수 있는 권리인 입법권을 분리해서
국회에서 담당하게 했어.

⚖️ **41조** 국회는 국민의 보통·평등·직접·비밀 선거에 의하여 선출된 국회의원으로 구성된다. (……중략)

모든 국민들이 낸 의견을 모아 법을 만들면 정말 이상적이겠지.
실제로 고대 그리스는 시민권을 가진 모든 시민들이
정치에 참여하는 직접 민주주의를 시행했어.
하지만 지금 대한민국의 수많은 국민들이
반드시 자기 의견을 다 담은 법을 만들어야 한다고
목소리를 높인다면?
아마 결정되는 건 하나도 없고, 갈등만 더 생길 거야.
그래서 사람들은 자신의 뜻을 대신할 존재를 뽑기로 했어.
그게 바로 국회의 구성원인 '국회의원'이야.
이렇게 국민이 선거를 통해 자신의 의견을 대신해 줄 수 있는 대표자를
선출해 나라를 운영하는 제도를 '대의 민주주의 제도'라고 해.

대의 민주주의가 바르게 운영되기 위해서는
공정한 선거가 필수적으로 이루어져야 해.
그래서 어떠한 자격 조건도 두지 않고 성년이 되면
누구에게나 선거권을 주는 보통 선거,
한 사람이 한 표씩, 국민 모두가 가진 표의 가치가 똑같은 평등 선거,
본인이 직접 뽑은 투표만 인정하는 직접 선거,
누구에게 투표했는지 알 수 없게 해 공정성을 강화한 비밀 선거,
대한민국에서는 이 네 가지 선거 원칙을 적용해 국회의원을

공정하게 뽑고 있어.

> ⚖️ **42조** 국회의원의 임기는 4년으로 한다.

만약 국회의원이 임무를 맡아 보는 기간인 임기가 정해져 있지 않고,
한번 국회의원이 된 사람이 계속 국회의원직을 수행한다면 어떨까?
아마 분명, 국민을 위한 법보다는
자신을 위한 법을 만들기 위해 노력할지도 몰라.
그래서 4년이라는 임기를 정한 거야.
만약 국회의원에 선출된 사람이 열심히 일을 한다면,
다음번 선거에서도 국민들의 선택을 받을 것이고,
만약 그렇지 않다면 떨어지겠지.

> ⚖️ **43조** 국회의원은 법률이 정하는 직을 겸할 수 없다.

국회의원이 다른 일을 함께 겸하는 것도 금지되어 있어.
다른 일 때문에 국회 업무에 소홀해지면 안 되잖아.
또 국회의원이 자신의 다른 일에 도움이 되기 위해
법을 마음대로 만들거나 바꾸면 분명 문제가 생길 수도 있어.
'견물생심'이라는 말도 있잖아?
처음부터 괜한 욕심을 부리지 않도록 아예 겸직을 할 수 없게
막아 둔 것이지.

이렇게 보니 국회의원에게는 제약만 있는 것 같지?

아니야. 국회의원에게는 일을 열심히 할 수 있는 특권 또한 존재해.
그중 가장 대표적인 것이 '불체포 특권'과 '면책 특권'이지.

> ⚖ **44조** 국회의원은 현행 범인인 경우를 제외하고는 회기 중 국회의 동의없이 체포 또는 구금되지 아니한다. (······중략)

'불체포 특권'이란 국회가 개회한 때부터 폐회되기 전까지는
국회의원이 범죄를 저질렀다는 의심이 들어도,
범죄 현장에서 바로 붙잡히는 경우가 아니라면
체포할 수 없다는 뜻이야.
이런 법이 생긴 이유는 국회의원이 누구의 눈치도 보지 않고
국민을 위해 일할 수 있도록 독립성을 지켜 주어
국회가 제대로 기능하도록 하기 위해서야.
만약 불체포 특권이 없다면 힘을 가진 자들이
국민을 대표하는 국회의원을 함부로 체포해
법을 만드는 데 좋지 않은 영향을 줄 수도 있으니까 말이야.

> ⚖ **45조** 국회의원은 국회에서 직무상 행한 발언과 표결에 관하여 국회 외에서 책임을 지지 아니한다.

'면책 특권' 역시 국회의원의 독립성을 보장해 주기 위한 장치야.
국회의원들이 자신들의 정치 활동으로 인해
피해를 보지 않고 소신 있게 활동할 수 있도록
이런 특권을 준 거야.

'불체포 특권'과 '면책 특권' 덕분에
국회의원들은 국민만 생각하며 열심히 정치 활동을 할 수 있어.
국회의원들의 특권은 모두 국민이 준 것이기에,
국회의원에게는 높은 수준의 도덕성이 요구되지.

> **46조** 국회의원은 청렴의 의무가 있다. (……중략)

법을 만드는 일은 개인과 사회,
나아가 국가의 방향이 결정될 수 있는 아주 중대한 일이야.
그러다 보니 법을 만들 수 있는 국회의원들 앞에는
늘 검은 유혹이 도사리지.
그래서 국회의원에게 청렴의 의무가 존재하는 거야.
국회의원들은 자신의 이익보다
국가와 국민의 이익을 우선시해서 행동해야 하는 사람이거든.

그리고 국회의원은 자신의 지위를 이용해서
부당한 이익을 취할 수 없어.
'우리의 마음속에 있는 청렴보다 더 신성한 것은 없다'라는 말을
국회의원들은 잘 새겨야 할 거야.

그런데 국회의원들이 일을 잘하는지 못하는지를
우리가 어떻게 알 수 있을까?
맞아, 국회의원들이 어떻게 일을 하는지 지켜보고 있으면 돼!

> ⚖️ **50조** 국회의 회의는 공개한다. 다만, 출석 의원 과반수의 찬성이
> 있거나 의장이 국가의 안전 보장을 위하여 필요하다고
> 인정할 때에는 공개하지 아니할 수 있다. (……중략)

국회의 모든 회의는 국민이 지켜볼 수 있어.
일정한 절차를 거쳐 신청만 하면
직접 국회 방청석에 가서 국회의원들의 회의를 지켜볼 수 있지.
또한 TV와 인터넷을 통해 생중계로 회의를 시청할 수도 있어.
이런 방법으로 국회의원들이 어떤 일을 어떻게 하는지
국민들이 알 수 있고, 또 평가도 할 수 있도록 한 거야.
하지만 국회에서 결정되는 일 중에는

외부로 섣불리 새어 나가서는 안 되는 사안들도 존재해.
그런 사안을 논의할 때는 국회 회의를 비공개로 할 수도 있어.
하지만 이때에도 나중에 회의 내용은 모두 보관하고 있다가
적절한 시기가 되면 공개하는 것을 원칙으로 하고 있지.
그렇다면 과연 국회는 정확히 무슨 일을 하는 걸까?
다음 법 조항을 통해 함께 알아보도록 하자.

> ⚖️ 52조 국회의원과 정부는 법률안을 제출할 수 있다.

앞에서 계속 말해 왔던 대로
국회의 가장 큰 역할은 법을 만드는 거야.

그래서 국회의원은
자신이 필요하다고 생각하는 법률안을 제출할 수 있어.
그런데 이때, 헌법의 하위법인 '국회법'에는
법률안을 제출하려는 국회의원 당사자를 포함한 10명 이상의
국회의원이 찬성해야 법률안을 낼 수 있도록 되어 있어.
혼자 마음대로 법률안을 낼 수 있다면,
무분별하게 법률안을 제출하는 국회의원이 생길 수도 있고,
그 법률안들을 검토하는 것도 오래 걸릴 거야.
그래서 최소 기준을 정한 게 국회의원 10명의 찬성이지.
그리고 정부, 즉 대통령도 법률안을 제출할 수 있어.

원래대로라면 법률안 제출은 국회의원만 가능해.

하지만 국가 운영을 전문적으로 도맡아 하는 정부 공무원들이
지금 꼭 필요한 법률에 대해 잘 아는 경우도 많아.
그래서 정부 역시 법률안을 제출할 수 있게 헌법에 명시한 거야.

> ⚖️ 54조 국회는 국가의 예산안을 심의·확정한다. (……중략)

국회의 또 다른 중요한 업무는 국가의 예산을 결정하는 일이야.
국가의 예산안을 심의하고 확정하는 일은
법을 만드는 일만큼이나 중요하지.
중국의 정치 사상가 관자는
"국가의 재정이 부족하다는 것은 그다지 걱정거리가 아니다.
현재 가지고 있는 재산을 어떻게 공평하게 나누는가에 마음 쓸 일이다."
라는 말을 남겼지.
관자의 말대로, 국회에서는 국민이 낸 소중한 세금이
어떻게 하면 나라 곳곳에 공평하게 쓰일 수 있는지를 고민해.

> ⚖️ 61조 국회는 국정을 감사하거나 특정한 국정 사안에 대하여 조사할 수 있으며, 이에 필요한 서류의 제출 또는 증인의 출석과 증언이나 의견의 진술을 요구할 수 있다. (……중략)

국회는 정부와 국가 기관을 감시하는 임무를 맡고 있어.
그래서 내년 국정 감사를 열어
국가 기관이 수행한 전반적인 업무에 대해 강도 높은 조사를 벌이지.
또 특정 국정 사안에 대해 조사가 필요하다고 여겨지면

별도의 국정 조사를 할 수 있어.

⚖ 65조 대통령·국무총리·국무위원·행정 각부의 장·헌법 재판소 재판관·법관·중앙 선거 관리 위원회 위원·감사원장·감사 위원 기타 법률이 정한 공무원이 그 집무 집행에 있어서 헌법이나 법률을 위배한 때에는 국회는 탄핵의 소추를 의결할 수 있다. (……중략)

대통령을 비롯한 고위 공무원들은
개인이 잘못을 저지르면 곧 국가의 위기로 이어질 가능성이 무척 높아.
그럴 때 국민은 국가적 위기를 가져온
고위 공무원들에게 책임을 물을 수 있어.
그때, 그 일을 대신하는 게 바로 국회야.
그래서 국회는 잘못을 저지른 고위 공무원들의 잘잘못을 조사하고
책임을 묻고 처벌하는데, 이 일이 바로 '탄핵'이야.

고위 공무원의 탄핵은
나라에 위기를 가져올 수 있는 심각한 문제이기 때문에
신중하게 이루어져야만 해.
대통령을 탄핵하는 경우에는 총 국회의원 수의 절반이 넘는 숫자가
탄핵안을 발의해야 하고,
전체 국회의원의 3분의 2가 찬성을 해야 결정이 돼.
다른 고위 공무원의 경우는
전체 국회의원 수의 3분의 1 이상이 발의를 하고,
절반 이상의 찬성이 있어야 결정이 되지.

그런데 중요한 건 국회에서 탄핵안이 결정되었다고 해서
다 끝난 게 아니란 거야.
헌법 재판소에서 그 탄핵안을 확인하고
탄핵을 심판하기로 가결해야 탄핵이 되는 거지.

정부

대한민국 헌법 〔제4장〕

⚖ **66조 1항** 대통령은 국가의 원수이며, 외국에 대하여 국가를 대표한다.

흔히 행정부, 즉 정부와 국가를 헷갈려하는 경우가 많아.
국가 운영을 맡은 정부가 곧 국가로 보이는 것이지.
특히 우리나라 같은 대통령 중심제 국가는
더더욱 정부의 위상이 높아 보여.
그러다 보니 정부 운영의 책임자인 대통령을
과거의 왕과 같은 존재로 생각하는 사람들이 있어.
하지만 대통령 역시,
국민들의 선거를 통해 선출되는 공무원이야.
그렇게 선출된 대통령의 임무는
국민이 최대한 살기 좋은 국가를 만드는 것이지.

링컨 대통령이 이런 말을 했어.
"국민의, 국민에 의한, 국민을 위한 정부는
이 땅에서 영원히 사라지지 않을 것이다."

이 말은, 결국 모든 정부는 국민의 것이고,
국민에 의해 만들어지는 것이며,
국민을 위해 일해야 한다는 뜻이지.

대한민국 헌법 제4장은 정부에 관한 두 가지 내용을 다루고 있어.
먼저 정부의 가장 높은 자리에 있는 사람인 대통령에 대한 내용과,
그외 행정부에 대한 내용이지.
우리나라는 대통령 중심제이기 때문에,
헌법에서 대통령의 역할을 어떻게 정의 내렸는지 알아볼 거야.

> ⚖️ **66조 1항** 대통령은 국가의 원수이며,
> 외국에 대하여 국가를 대표한다.
> **2항** 대통령은 국가의 독립·영토의 보전·국가의 계속성과
> 헌법을 수호할 책무를 진다.
> **3항** 대통령은 조국의 평화적 통일을 위한 성실한 의무를 진다.
> **4항** 행정권은 대통령을 수반으로 하는 정부에 속한다.

> ⚖️ **69조** 대통령은 취임에 즈음하여 다음의 선서를 한다.
> "나는 헌법을 준수하고 국가를 보위하며
> 조국의 평화적 통일과 국민의 자유와 복리의 증진 및
> 민족 문화의 창달에 노력하여
> 대통령으로서의 직책을 성실히 수행할 것을 국민 앞에
> 엄숙히 선서합니다."

대통령은 국가 원수이자 국가를 대표하는 존재야.
모두가 평등하길 바라는 헌법에서
개인의 존재와 지위를 이렇게까지 높인 걸 보면,
우리나라에서 대통령이 얼마나 큰 힘을 가진 존재인지를 잘 알 수 있어.
하지만 그만큼, 대통령은 해야 할 일들과 책임들이 많아.
대통령이 취임식 날 하는 선서에 그 일의 내용이 담겨 있지.

> ⚖️ **67조 1항** 대통령은 국민의 보통·평등·직접·비밀 선거에 의하여 선출한다. (……중략)
>
> **4항** 대통령으로 선거될 수 있는 자는 국회의원의 피선거권이 있고 선거일 현재 40세에 달하여야 한다. (……중략)

> ⚖️ **70조** 대통령의 임기는 5년으로 하며, 중임할 수 없다.

대통령 역시 국회의원처럼
보통, 평등, 직접, 비밀 선거에 의하여 선출돼.
'피선거권'이라는 말은 선거에 후보로 나갈 수 있는 권리를 말해.
즉 국회의원 출마 자격이 있다면,
대통령 후보로도 나갈 수 있다는 거야.
다만 국회의원은 25세가 되면 출마할 수 있는 데 반해,
대통령은 40세가 되어야지만 출마할 수 있어.

우리나라 대통령의 임기는 5년 단임제야.
최근에는 대통령의 임기를 국회의원 임기와 같은 4년으로 줄여서
국회의원 선거와 대통령 선거를 함께 치르되,
대통령이 한 번 더 선거에 출마해 연임할 수 있도록
헌법을 개정하자는 의견이 많이 나오는 중이야.

> ⚖️ **71조** 대통령이 궐위되거나 사고로 인하여
> 직무를 수행할 수 없을 때에는 국무총리,
> 법률이 정한 국무위원의 순서로 그 권한을 대행한다.

대통령의 임무는 너무도 막중해서 단 한순간도
자리를 비워 놓을 수 없어.
그래서 만약, 대통령이 임기를 채우지 못하고 탄핵당하거나,
사망 또는 사고로 인해 더 이상 대통령직을 수행할 수 없게 되었을 때는
국무총리가 대통령의 역할을 대신해.
그런데 만약 국무총리도 불의의 사고를 당한다면?
그럴 때는 법률에 따라 정해진 순서대로
국무위원이 대통령 역할을 대신 수행하게 되어 있어.
다만 이 대행자들은 국민이 선출한 대통령이 아니기 때문에
다음 대통령이 선출될 때까지만 권한 대행을 하는 거야.

대한민국은 대통령의 힘이 강한 대통령 중심제 국가야.
그래서 대통령의 권한 또한 막대하지.
그렇다면 헌법은 대통령에게 어떤 권한을 부여하고 있을까?

> ⚖️ **72조** 대통령은 필요하다고 인정할 때에는
> 외교·국방·통일 기타 국가 안위에 관한 중요 정책을
> 국민 투표에 붙일 수 있다.

국민은 선거를 통해 국회의원과 대통령에게
자신의 권한을 잠시 넘겨 줬어.
그래서 정부와 국회가 국가를 운영하는 동안,
국민들은 마음 편히 자신의 생업에 종사할 수 있지.
그런데 만약 국가의 운명을 결정하는 중대한 사안이 있어서
이번만큼은 국민 모두의 의견을 물어야 한다면 어떨까?
바로 그럴 때, 대통령은 국민의 의견을 묻는
국민 투표를 실시할 수 있어.
물론 국민 투표는 많은 시간과 비용이 들기 때문에
함부로 실시할 수 있는 문제는 아니야.
하지만 반드시 모든 국민의 의견을 들어야 한다면,
꼭 시행해야지.

2016년 영국은 유럽연합(EU) 탈퇴에 대한 찬반을 묻기 위해
국민 투표를 시행했어.
그 결과, 국민들의 52퍼센트가 탈퇴에 찬성표를 던졌지.

> ⚖️ **73조** 대통령은 조약을 체결·비준하고, 외교 사절을
> 신임·접수 또는 파견하며, 선전포고와 강화를 한다.

대통령은 대한민국을 대표하는 존재이기에,
다른 국가들과 조약을 맺고 외교단을 보낼 수 있어.
선전포고는 전쟁의 시작을 알릴 수 있는 권한을,
강화는 전쟁을 끝내고 화해를 알리는 권한을 말해.

> ⚖️ **74조** 대통령은 헌법과 법률이 정하는 바에 의하여
> 국군을 통수한다. (……중략)

통수한다는 것은 통솔한다는 것과 같은 뜻이야.
군대를 지휘한다는 말이지.
대통령은 국군의 통수권자로서 전쟁이 나면 총사령관 역할을 하게 돼.

> ⚖️ **75조** 대통령은 법률에서 구체적으로 범위를 정하여
> 위임받은 사항과 법률을 집행하기 위하여
> 필요한 사항에 관하여 대통령령을 발할 수 있다.

법률이 나무줄기라면, 대통령령은 나뭇가지와 같아.
법률이 어떤 정책에 대한 큰 틀을 세우면,
대통령이 명령을 발동하여 법률이 잘 시행되도록 필요한
세부 사항을 정할 수 있지.

학교에서 벌어지는 일을 예로 들어 볼까?

학급 회의에서 '교실을 깨끗이 하기 위해 매일 청소를 하자'라는 의견이 나와서 통과가 되었다고 해 보자.

이건, 법률이야.

그러자 반장이 학생들의 청소 구역을 각각 나눴다고 해 보자.

이를 테면, 이게 바로 대통령령이 되는 셈이지.

> ⚖ 78조 대통령은 헌법과 법률이 정하는 바에 의하여 공무원을 임면한다.

대통령은 행정부를 구성할 공무원을 임명하고, 해임도 할 수 있어.

> ⚖ 79조 대통령은 법률이 정하는 바에 의하여 사면·감형 또는 복권을 명할 수 있다. (……중략)

대통령에게는 범죄자의 벌을 면제해 줄 수 있는 권리인 사면권이 있어. 대통령이 가진 특권 중 하나지만, 사법부의 권한을 침해하는 측면도 있어서 개헌이 필요하다는 목소리도 많지.

> ⚖ 84조 대통령은 내란 또는 외환의 죄를 범한 경우를 제외하고는 재직 중 형사상의 소추를 받지 아니한다.

나라를 혼란에 빠뜨릴 목적으로 범죄를 일으키는 내란죄, 그리고 외국과 관련된 일로

국가를 위태롭게 하는 범죄를 일으키는 외환죄,
이 두 가지의 죄가 아니고서는,
대통령은 무슨 죄를 짓더라도 임기 중에는 재판을 받지 않아.
심지어 살인을 저질렀다고 해도 말이야.

하지만 이런 특권이 대통령을 영원히 지켜 주는 건 아니야.
재판을 받지 않는 것뿐이지, 죄가 사라지는 건 아니니까.
그래서 대통령은 임기가 끝나고 나면
자신이 지은 죄에 대한 벌을 받아야만 해.
아니면, 그전에 탄핵 심판을 받아 대통령직에서 물러날 수도 있지.

어때? 이렇게 살펴보니 대통령의 권한이 정말 대단한 것 같지?
하지만 이 모든 권한은 대통령 개인을 위한 것이 아니야.
대통령이 나랏일을 잘 수행할 수 있도록
국민들이 보장해 주는 것뿐이지.

영화 〈스파이더맨〉에 나오는 명대사가 있어.
처음 놀라운 힘을 얻고,
함부로 그 힘을 쓰고 다니던 주인공에게
주인공을 키워 준 삼촌이 이렇게 말하지.
"큰 힘에는 큰 책임이 따른단다."
만약 대통령이 자신의 권한을 쓰는 데만 몰두하고,
공무 수행을 소홀히 하거나 책임은 회피하려 한다면,
국민들에게 준엄한 심판을 받고 말 거야.

법원

대한민국 헌법 〔제5장〕

 101조 1항 사법권은 법관으로 구성된 법원에 속한다.

2항 법원은 최고 법원인 대법원과
각급 법원으로 조직된다.

3항 법관의 자격은 법률로 정한다.

여러 국가 기관 중에서 우리가 가장 가고 싶지 않은 기관이 어디일까?
아무래도 법원이 아닐까 싶어.
잘못을 저질러야만 법원에 간다고 생각하니까.
하지만 만약 우리가 정말로 억울한 일을 당했는데
다른 어떤 방법으로도 이 일을 해결할 수 없을 때,
우리가 찾아가야 하는 곳도 바로 법원이야.

'법대로 하자'라는 말이 있듯이, 우리는 법의 공정함을 믿어.
법원은 그런 공정함이 실현되는 곳이야.

모든 국민은 법에 따라 공정한 재판을 받을 권리가 있어.

그래서 법원을 만들어
법을 적용하고 선언하는 사법부의 역할을 하도록 했지.
그리고 사법권은 법관만으로 구성된 법원만 가질 수 있도록 했어.
조선 시대 사극을 보면 왕이 직접 범인을 심문하며
"네 죄를 네가 알렸다!"라고 외치는 장면, 많이 봤지?
이처럼, 옛날 권력자들은 쉽게 재판을 열고 죄를 물을 수 있었어.
하지만 대한민국처럼 사법권이 독립된 민주주의 국가에서는
아무리 대통령이라도 사법권을 행사할 수 없지.

우리나라의 최고 사법 기관은 대법원이야.

하지만 재판을 신청하면, 바로 대법원에 가서 재판을 받는 건 아니지.
대한민국은 국민들이 한 가지 일로
재판을 세 번까지 받을 수 있게 했어.

처음에는 각 지방에 있는 지방법원에서 재판을 받고,
지방법원에서 문제가 해결되지 않으면 고등법원에서,
그리고 마지막으로 대법원에서 재판을 받지.

이걸 '삼심 제도'라고 하는데,
억울하게 죄를 뒤집어쓰는 사람이 생기지 않도록
이런 제도를 만들었어.

> ⚖ 103조 법관은 헌법과 법률에 의하여 그 양심에 따라
> 독립하여 심판한다.

> ⚖ 106조 법관은 탄핵 또는 금고 이상의 형의 선고에
> 의하지 아니하고는 파면되지 아니하며,
> 징계 처분에 의하지 아니하고는 정직·감봉 기타 불리한
> 처분을 받지 아니한다. (……중략)

> 극형을 언도하기 전의 판사는
> 자기 목이 매달려지는 것 같은 심정이어야 한다.
>
> - 탈무드

헌법 103조에는 법관이 잘못된 판결을 내리면 안 되니,
최대한 신중하게 심판을 내리란 의미가 담겨 있어.
만약 법관이 판결을 내리려고 하는데,
다른 사람들이 유혹적인 손길을 내밀어서
법관의 양심과는 다른 의견을 내게 한다면 문제가 생길 수도 있겠지.
그래서 법관은 누구의 명령도 듣지 않고
자신의 양심에 따라 독립적인 판결을 내려야만 해.

법관은 헌법에 의해 보호를 받아.
만약 다른 국가 기관에서 법관에게 불리한 처분을
함부로 내릴 수 있다면,
그걸 빌미로 법관이 독립적으로 판결을 내리는 걸 막을 수도 있잖아.
그래서 법관은 다른 기관과 철저히 독립되어 움직여.

> ⚖️ **109조** 재판의 심리와 판결은 공개한다. 다만,
> 심리는 국가의 안전 보장 또는 안녕 질서를 방해하거나
> 선량한 풍속을 해할 염려가 있을 때에는 법원의 결정으로
> 공개하지 아니할 수 있다.

국민의 알 권리를 위해 모든 재판은 공개하는 것을 원칙으로 해.
하지만 특별한 경우에는 비공개 재판으로 진행할 수 있어.

> ⚖️ **110조** 군사 재판을 관할하기 위하여 특별 법원으로서
> 군사 법원을 둘 수 있다. (……중략)

군인은 군인들을 다스리는 법인 군법의 적용을 받아.
그래서 일반 법원이 아닌 군사 법원에서 재판을 받지.

법은 귀한 사람이라고 해서 아첨하지 않고,
먹줄은 나무가 휘었다고 해서 굽혀 가며 잴 수 없다.

- 한비자(고대 중국의 정치 사상가)

모든 사람에게 공평하게
법을 적용해야 한다는 한비자의 말은,
오늘날의 법관들에게도 꼭 들려주고 싶은 말이야.

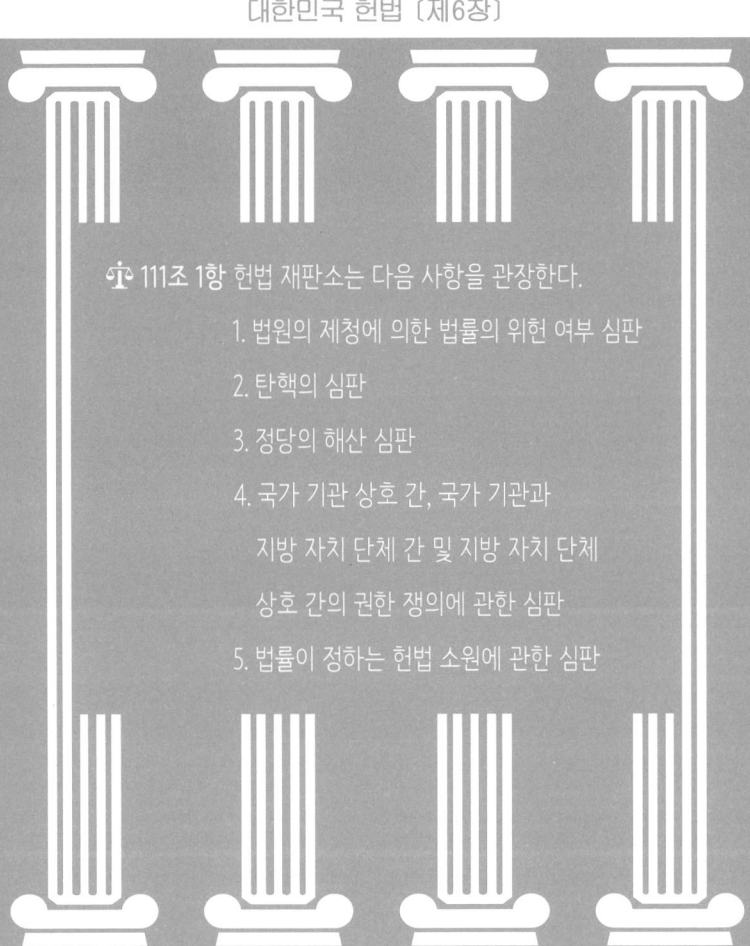

법률을 만드는 주체가 국회와 정부라는 이야기는 앞에서 했었지?
헌법 재판소는 만들어진 법률이
헌법 질서에 맞는지 아닌지를 심판하는 기관이야.
헌법 재판소는 국가의 최고법인 헌법을 수호하며,
국가의 법률을 감시하는 역할을 해.

민주주의 국가의 경우,
사법부가 헌법 수호 역할까지 담당하는 나라도 있고,
헌법 재판소를 만들어 사법부와 독립된 기관을 따로 두는 나라도 있어.
우리나라가 바로 후자의 경우지.

일반 법원과는 다른 헌법 재판소에서는
어떤 재판이 벌어지는지 궁금하지?

> ⚖️ **111조 1항** 헌법 재판소는 다음 사항을 관장한다.
> 1. 법원의 제청에 의한 법률의 위헌 여부 심판

111조 1항처럼, 헌법 재판소에서는
국회와 정부에서 정해진 법률이
헌법 질서에 해를 끼치는지 아닌지 판단하는 심판을 해.
만약 그 법률이 헌법을 위반했다면,
'위헌' 결정이 내려지고 그 법률은 효력을 잃게 되지.
만약 헌법을 위반하지 않았다면,
'합헌' 결정을 내려 그 법률이 유지되도록 해.

이와 같은 '위헌 법률 심판'은 헌법 위반 여부를 묻는 것이기 때문에
'합헌' 또는 '위헌', 이 두 가지 결정으로 이루어지지.

> **2. 탄핵의 심판**

대통령과 국무총리를 비롯한 고위 공무원이 큰 잘못을 저질렀을 때,
국회는 탄핵안을 발의할 수 있어.
그럼 헌법 재판소는 그 법안을 확인하고 탄핵 결정을 내려.

> **3. 정당의 해산 심판**

만약 어떤 정당의 활동이 헌법 질서에 위배된다면,
정부는 국무 회의 심의를 거쳐 헌법 재판소에 정당 해산 심판을 청구해.
헌법 재판소의 심판을 거쳐 정당 해산이 옳다는 판결이 내려지면,
그 정당은 사라져.

> **4. 국가 기관 상호 간, 국가 기관과 지방 자치 단체 간 및
> 지방 자치 단체 상호 간의 권한 쟁의에 의한 심판**

국가 기관이나 지방 자치 단체 사이의 다툼은 곧 국정 운영 전체의
마비로 이어질 수 있어.
이럴 때 헌법 재판소에서는 각 기관과 단체의 의견을 들어 보고
적절한 심판을 해 다툼을 해결하는 역할을 해.

> 5. 법률이 정하는 헌법 소원에 관한 심판 (……중략)

국가 기관으로 인해 자신의 기본권에 피해를 입은 국민은
이를 구제받기 위해 헌법 재판소에 헌법 소원 재판을 청구할 수 있어.

> ⚖ **111조 2항** 헌법 재판소는 법관의 자격을 가진 9인의 재판관으로 구성하며, 재판관은 대통령이 임명한다.
> **3항** 제2항의 재판관 중 3인은 국회에서 선출하는 자를, 3인은 대법원장이 지명하는 자를 임명한다.
> **4항** 헌법 재판소의 장은 국회의 동의를 얻어 재판관 중에서 대통령이 임명한다.

헌법 재판소의 재판관은 총 9명이야.
대통령이 3인, 국회가 3인, 대법원장이 3인을 지명해.
헌법 재판관들은 삼권 분립에 따라 공정하게 임명되는 거지.
이 9명의 재판관들이 모여서 심판해야 할 사안에 대해 토의를 하고
각자의 의견을 밝히면, 다수결로 결정이 돼. 하지만 다수결에 따라
법관 5명이 동의한다고 해서 모든 사안이 결정될 수 있는 것이 아니야.

> ⚖ **113조** 헌법 재판소에서 법률의 위헌 결정, 탄핵의 결정, 전단 해산의 결정 또는 헌법 소원에 대한 인용 결정을 할 때에는 재판관 6인 이상의 찬성이 있어야 한다. (……중략)

기존에 있는 법률을 없애거나,
대통령을 비롯한 고위 공무원을 탄핵하거나,
정당을 없애거나,
국민이 낸 헌법 소원 심판에서 국민의 손을 드는 등의 결정은
법률적, 사회적으로 굉장히 중요한 결정이야.
그래서 이럴 때는 9인의 재판관 중 6인 이상이 그 결정에 동의해야 하는
걸로 헌법을 제정했지.

법은 귀족을 봐주지 않는다.
형벌이 엄중하면
귀족은 백성을
업신여기지 못한다.

법의 도리는
처음에는 고통이 따르지만
나중에는 오래도록 이롭다.

- 한비자(고대 중국의 정치 사상가)

민주주의는 국가의 주권이 국민에게 있고,
국민을 위해서 정치를 하는 제도를 말해.

이 민주주의란 제도의 꽃이자 축제가 바로 선거야.

내 손으로 국가와 지역의 대표자를 뽑는 선거야말로,

국민이 국가의 주인으로서 정치에 참여하고 있다는 강력한 증거가 되지.

만약 선거가 부정한 방법으로 치러진다면 어떻게 될까?

국민의 뜻과 다른 대표자가 뽑힐 테고,

이는 민주주의의 뿌리 자체를 흔드는 심각한 문제가 될 거야.

그래서 헌법에 선거를 어떻게 치러야 하고,

어떻게 관리해야 하는지에 관한 내용을 만들었지.

> 자유롭고 경쟁적인 선거가 없다면,
> 민주주의는 존재하지 않는다.
>
> - 아담 쉐보르스키 (미국의 정치학자)

114조 1항 선거와 국민 투표의 공정한 관리 및 정당에 관한 사무를 처리하기 위하여 선거 관리 위원회를 둔다.

2항 중앙 선거 관리 위원회는 대통령이 임명하는 3인, 국회에서 선출하는 3인과 대법원장이 지명하는 3인의 위원으로 구성한다. 위원장은 위원 중에서 호선한다.

3항 위원의 임기는 6년으로 한다.

4항 위원은 정당에 가입하거나 정치에 관여할 수 없다.

(……중략)

국민이 주인인 민주주의 국가에서,
국민을 대신해서 일할 사람을 뽑는 것이 선거이니만큼
반드시 공정하게 치러져야겠지.
그래서 대한민국 헌법에는 선거 관리 위원회를 두어야 한다고 명시했어.
선거 관리 위원회는 대통령 선거를 비롯한
모든 국가 차원의 선거를 관리하는 책임을 져.
선거 관리 위원회 역시, 헌법 재판소 재판관을 임명할 때처럼
행정부, 입법부, 사법부에서 각각 3명의 위원을 뽑아.
다른 점이 있다면, 선거 관리 위원회의 위원장은
위원들이 서로 투표를 해서 뽑는다는 점이야.
이걸 '호선'이라고 해.
선거 관리 위원회 위원들은 정치적 중립을 지키는 게
가장 중요하기 때문에, 114조 4항은 특히 중요하지.

> ⚖️ **115조 1항** 각급 선거 관리 위원회는 선거 인명부의 작성 등
> 선거 사무와 국민 투표 사무에 관하여
> 관계 행정 기관에 필요한 지시를 할 수 있다.
> **2항** 제1항의 지시를 받은 당해 행정 기관은
> 이에 응하여야 한다.

선거를 실시하기 위해서는 많은 사람들의 손길이 필요해.
준비 과정에서부터 수많은 사람들이
공정한 선거를 만들기 위해 움직이지.

그리고 선거 당일, 투표 때와 개표 때에도
부정 행위가 끼어들지 못하도록 감시하는 사람들이 필요해.

하지만 선거 관리 위원회의 인력만으로는 일손이 부족하기 때문에,
다른 행정 기관의 도움을 받아야 하지.
선거 관리 위원회의 요청을 받은 행정 기관은
그 요청에 꼭 응해야만 해.
선거를 공정하게 치르기 위해서는 모두가 힘을 합쳐야지.

> **116조 1항** 선거 운동은 각급 선거 관리 위원회의 관리하에
> 법률이 정하는 범위 안에서 하되,
> 균등한 기회가 보장되어야 한다.

선거에 입후보한 사람들은 당선되기 위해서
최선을 다해 선거 운동을 하지.

그중에는 당선되고 싶은 욕망 때문에
불법 선거 운동을 하는 사람들도 있어.
사람들에게 뇌물을 주면서 자신을 뽑아 달라고 하거나,
사실이 아닌 이야기를 지어내 퍼뜨리면서

다른 후보를 헐뜯는 경우도 있지.

그래서 선거 관리 위원회는 후보자들의 선거 운동을 감시해야 해.
하지만 선거 관리 위원회가 그저 감시만 하면 안되겠지.

법률에 허용된 범위 내에서는
모든 후보자가 자유롭게 선거 운동을 할 수 있도록 보장해 주는 일도
역시 선거 관리 위원회가 해야 할 역할이야.

선거 관리 위원회는 선거가 올바르고 공정하게
진행될 수 있도록 관리하는 독립된 기관이라 할 수 있어.

> ⚖️ **116조 2항** 선거에 관한 경비는 법률이 정하는 경우를 제외하고는
> 정당 또는 후보자에게 부담시킬 수 없다.

선거를 치르기 위해서는 많은 비용이 필요해.
만약 그 비용을 후보자 개인에게 부담하게 한다면 어떻게 될까?
결국 돈 많은 사람들만 선거에 나갈 수 있게 되겠지.

그렇게 되면, 일정한 나이가 된 모든 사람이
공직 선거에 자유롭게 입후보할 수 있는 민주주의의 원칙에 어긋나.
그래서 대한민국에서는 선서에 드는 비용을 국가가 부담해.

하지만 모든 비용을 다 부담하는 건 아니야.

만약 그랬다가는, 너도나도 선거에 입후보하려 하면서
제대로 된 대표자를 뽑는 데 혼란을 가져올 우려가 있어.
또한 선거 비용은 국민의 세금으로 부담하는 것이기 때문에
국민들의 세금 부담이 커질 수도 있지.

그래서 비용의 일정 부분은 후보자에게 부담을 지게 할 수 밖에 없어.
그래도 비용의 상당 부분을 국가에서 부담하여
모든 사람들에게 선거 입후보 기회를 주려고 노력하고 있어.

투표는 총알보다 강하다.
- 에이브러햄 링컨(미국의 16대 대통령)

선거란 누굴 뽑기 위해서가 아니라
누구를 뽑지 않기 위해서 하는 것이다.
- 프랭클린 P. 아담스(미국의 정치학자)

지방 자치

대한민국 헌법 〔제8장〕

 **117조 1항** 지방 자치 단체는 주민의 복리에 관한 사무를 처리하고 재산을 관리하며, 법령의 범위 안에서 자치에 관한 규정을 제정할 수 있다.

같은 대한민국에 사는 사람들 사이에서도
어느 지역에 사는지에 따라 생활 방식이 차이날 수 있어.
유명 관광지에 사는 사람들 중에는
관광업에 종사하는 사람들이 많고
농촌에 사는 사람들 중에는 농사를 짓는 사람들이
많은 것처럼 말이야.
그렇다면 유명 관광지에 사는 사람들을 위한 행정 제도와
농촌에 사는 사람들을 위한 행정 제도는 분명 달라야겠지.

이러한 경우, 대부분의 민주주의 국가에서는
'지방 자치제'를 실시해.
지방 자치제는 일정 지역 주민들이
자신들이 필요로 하는 일들을 처리해 줄
대표자와 기관을 직접 선출해,
그들로 하여금 지역 행정 업무를 처리하게 하는 제도야.

우리나라는 1948년 헌법을 만들었을 때부터
헌법에 지방 자치에 대한 조항을 넣고
1949년 지방 자치법을 제정한 뒤,
1952년부터 제한적인 지방 자치를 시행했어.
하지만 기나긴 독재 정권 시절 동안,
모든 권력을 독차지하려 했던 중앙 정부 권력자들 때문에
지방 자치는 중단되어 법 조항으로 남아 있고
시행되지 않았었지.

하지만 1995년 6월 27일, 지방 자치 단체의 장과 지방 의원까지
선출하는 지방 선거가 열리면서,
대한민국에서도 본격적인 지방 자치 시대가 열렸어.

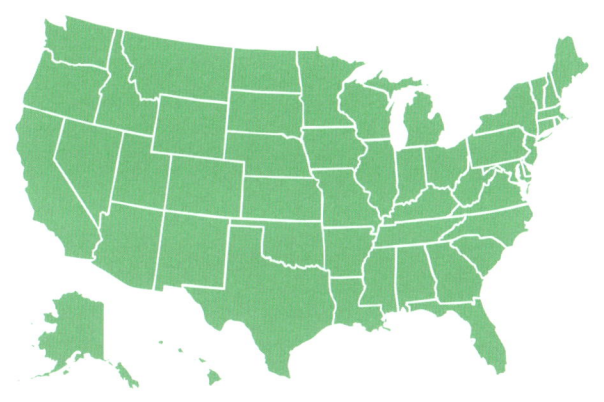

미국을 비롯한 유럽 국가 중에서는,
각 지역 정부가 입법, 사법, 행정에 관하여 완벽한 자치권을 가지고
그야말로 '작은 국가'로 움직이는 경우도 있는데,
이를 '연방 국가'라고 해.

> ⚖ **117조 1항** 지방 자치 단체는 주민의 복리에 관한 사무를
> 처리하고 재산을 관리하며, 법령의 범위 안에서
> 자치에 관한 규정을 제정할 수 있다.
> **2항** 지방 자치 단체의 종류는 법률로 정한다.

국가가 자기 나라의 국민을 보호하듯,
지방 자치 단체는 자기 지역의 주민을 보호해.

그리고 주민들을 위한 규정을 만들 수도 있어.
하지만 117조 1항의 '법령의 범위 안에서'라는 조건이 있는 게 보이지?
지방 자치 단체에서 만든 규정은,
국가 법률과 명령을 뛰어넘을 수 없어.
만약 지방 자치 단체에서 만든 규정과 국가 법률이 충돌한다면,
법률의 손을 들어준다는 뜻이지.

> **118조 1항** 지방 자치 단체에 의회를 둔다.
> **2항** 지방 의회의 조직·권한·의원 선거와
> 지방 자치 단체의 장의 선임 방법 기타
> 지방 자치 단체의 조직과 운영에 관한 사항은
> 법률로 정한다.

지방 자치 단체가 행정부 역할을 한다면,
지방 의회는 입법부 역할을 해.
국가의 행정부와 입법부보다 권한은 작지만,
거의 유사한 일들을 하지.
다만 우리나라는 지방 자치 단체의 사법권은 인정하고 있지 않아.
미국 같은 연방 국가의 경우에는
지방 자치 단체의 사법권도 인정하고 있어.
그래서 지역 주민들이 선거를 통해 판사를 선출할 수도 있지.

지방 자치 단체에서 정할 수 있는 자치 규정의 종류는 다음과 같아.

- 조례 : 국회에서 국가의 법률을 제정할 수 있듯이,
  지방 자치 단체의 지방 의회에서는 그 지역의 업무에 관한
  '조례'를 만들 수 있어.
- 규칙 : 대통령이나 총리가 명령을 제정할 수 있듯이,
  지방 자치 단체의 장은 자신의 권한이 허락하는 범위 내에서
  규칙을 만들 수 있어. 규칙은 조례의 하위 개념이기 때문에,
  조례를 뛰어넘을 수 없어.
- 교육 규칙 : 각 지방 자치 단체의 교육감은, 자신의 권한이 허락하는
  범위 내에서 교육 규칙을 만들 수 있어. 교육 규칙 역시
  조례의 하위 규칙이어서, 조례를 뛰어넘을 수 없어.
- 의회 규칙 : 지방 의회는 내부 운영에 관해 필요한 사항이 있으면
  의회 규칙으로 만들 수 있어.

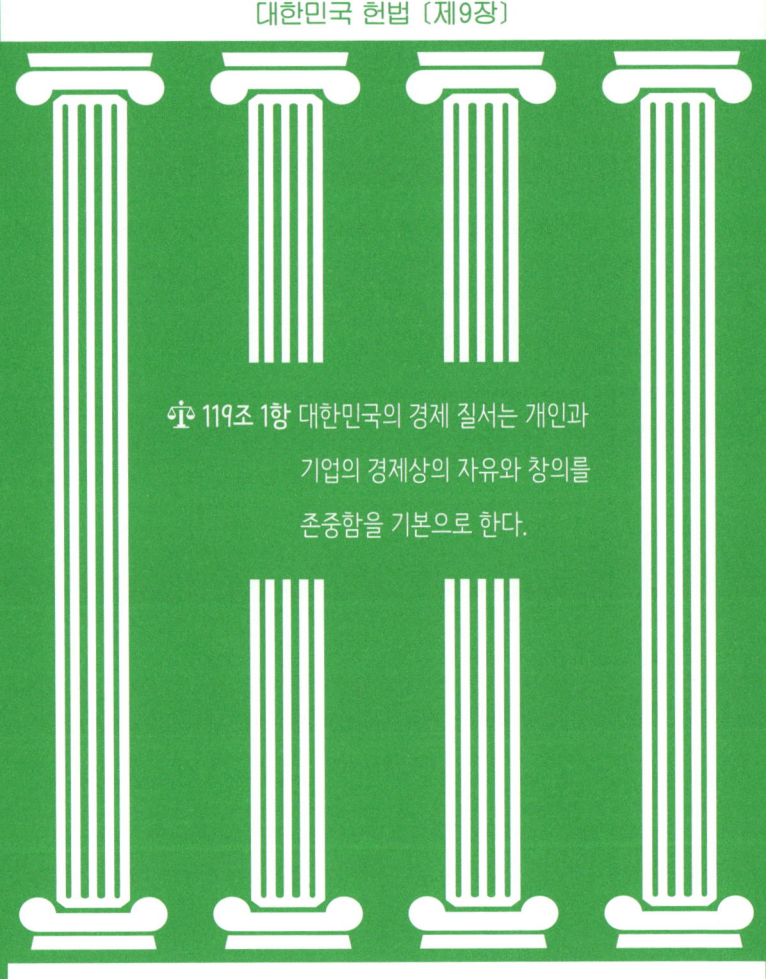

대한민국 헌법 9장은 '경제'에 대한 것을 다루고 있어.
그런데, 이상하지 않아?
우리나라는 자유로운 시장 경쟁을 통해
경제 활동을 하는 '자유 시장 경제'를 기본으로 하고 있어.
그런데 헌법에 어떤 식으로 경제를 이끌어 나가야 할지를
정해 놓았다니, 언뜻 이해가 되지 않아.
그 이유는 자유 시장 경제에서 벌어질 수 있는 문제점들을
최소화하기 위한 장치를 마련하기 위해서야.
모든 경제를 시장의 흐름에만 맡겨 두면,
사람보다 돈을 우선시하는 슬픈 일이 벌어질 수도 있거든.
그래서 대한민국의 헌법은 국민의 권리를 지키기 위해
국가가 경제 질서를 조율하는 역할을 할 수 있도록 장치를 마련했어.
119조의 조항을 보면 무슨 말인지 이해가 될 거야.

> **119조 1항** 대한민국의 경제 질서는 개인과 기업의 경제상의
> 자유와 창의를 존중함을 기본으로 한다.
> **2항** 국가는 균형 있는 국민 경제의 성장 및 안정과
> 적정한 소득의 분배를 유지하고,
> 시장의 지배와 경제력의 남용을 방지하며,
> 경제 주체 간의 조화를 통한 경제의 민주화를 위하여
> 경제에 관한 규제와 조정을 할 수 있다.

자, 119조 1항에는 경제 질서의 주체가 국가가 아닌,
개인과 기업임이 확실히 밝혀져 있어.

하지만 2항에서는 국가가 경제에 관한 규제와 조정을 할 수 있는
몇 가지 상황을 명시해 두었지.
어떤 사람들은 국가가 시장 경제에 개입하는 것 자체가,
시장 경제의 자유를 훼손하는 것이라고 말하기도 해.
하지만 만약 국가가 시장 경제에 완전히 손을 뗀다면
어떤 일이 벌어질까?

1996년, 전 세계인을 충격에 빠뜨린 뉴스가 있었어.
스포츠 용품으로 유명한 어느 기업에서 만드는 축구공이,
알고 보니 개발 도상국 어린이들의 노동력을 착취해서
만들어지고 있었다는 사실이 밝혀진 거지.
그 후 사람들은 해당 기업에 대한 불매 운동을 벌이는 등의
행동을 취하여 강하게 비판했고,
결국 해당 기업의 사과와 재발 방지 약속을 받아 냈지.
하지만 아직도 개발 도상국 어린이들을 상대로 한
아동 노동 착취는 사라지지 않고 있어.

2012년, 국제 노동 기구가 조사한 자료에 따르면,
5세에서 17세 사이의 어린이 노동자가 총 2억 6천만 명이나 있대.
게다가 그중 1억 7천만 명 정도는
어떤 권리도 받지 못한 채 그저 노동력을 착취당하고 있었어.
이렇게 아동 노동 착취가 사라지지 않는 가장 큰 이유는
어린이들의 인건비가 어른에 비해서 낮기 때문이야.
그래서 아직도 전 세계의 많은 기업들은
아동들의 노동력을 착취하고 있지.

이렇듯 자유 시장 경제 체제에서는 돈을 벌겠다는 목적 때문에
가장 기본적인 인권마저 무시되는 경우가 생길 수도 있어.
국가가 '경제에 관한 규제와 조정'을 하겠다는 건
그런 문제를 막기 위해서야.

> **120조 1항** 광물 기타 중요한 지하자원·수산자원·수력과
> 경제상 이용할 수 있는 자연력은 법률이 정하는 바에
> 의하여 일정한 기간 그 채취·개발 또는 이용을
> 특허할 수 있다.
> **2항** 국토와 자원은 국가의 보호를 받으며,
> 국가는 그 균형 있는 개발과 이용을 위하여
> 필요한 계획을 수립한다.

18세기, 과학의 발달로 크고 빠른 배를 만들 수 있게 되자
거대한 고래를 잡는 포경업이 발달했어.

고래의 몸에서 채취할 수 있는 고래 기름은 비싼 값에 팔렸기 때문에,
너나할 것 없이 고래 사냥에 나섰지.
그 결과, 고래는 멸종 직전에 이르고 말았어.
그래서 지금은 전 세계가 고래 보호를 위해 같이 노력하고 있어,
정말 부득이한 경우가 아니라면 포경을 엄격히 금지하고 있지.
하지만 안타깝게도 대왕고래를 비롯한 몇몇 종의 고래는
아직도 멸종 위기에서 벗어나지 못하고 있어.

이 같은 사례는 한번 파괴된 자연을 되돌리는 일이
얼마나 어려운지 알려 줘.

그래서 헌법은 제120조 2항을 통해
대한민국의 국토와 자원은 국가의 보호를 받는다고 규정지은 거야.
물론 그렇다고 국가만 직접 국토와 자원을
개발할 수 있다는 건 아니야.

이런 조항을 헌법에 명시한 이유는
무분별한 개발로 인한 환경 파괴를 막고,
국가가 직접 개발 상황을 감시할 수 있도록 하기 위해서야.

국가는 여러 가지 법을 통해서
자연의 개발이 필요한 개인이나 단체를 심사하고,
합당하다 싶으면 특별히 허가를 내려.
이를 '특허한다'라고 해.

사람에게는 동물을 다스릴 권한이 있는 것이 아니라,
모든 생명체를 지킬 의무가 있는 것이다.

– 제인 구달 (영국의 동물학자·환경운동가)

⚖ **121조 1항** 국가는 농지에 관하여 경자유전의 원칙이
달성될 수 있도록 노력하여야 하며,
농지의 소작 제도는 금지된다.

'경자유전'이라는 말은
농사를 짓는 사람만이 농지를 가질 수 있다는 뜻이야.
농사를 짓는 사람만 농지를 소유하도록 노력하겠다고
헌법에 규정지은 거지.
왜 이런 헌법이 필요했을까?
그건 바로 일제 강점기 시절에 있었던 일 때문이야.
일제는 우리나라를 강제 점령한 후, '동양 척식 주식회사'를 세워.

그런 다음, 동양 척식 주식회사가 우리 국토를 조사하며
토지 소유권이 누구에게 있는지 정확히 파악하도록 했지.
여기까지만 들어 보면 그렇게 나쁜 일은 아닌 거 같지?
하지만 동양 척식 주식회사의 조사는 그저 핑계일 뿐이었어.
실상은 강제로 우리 농민들의 토지를 빼앗아
자기의 소유로 만들려는 것이었지.
그러다 보니 어느새 우리 국토 농지의 3분의 1이
일제의 착취 기관인 동양 척식 주식회사의 소유가 되어 있었어.
그 뒤, 동양 척식 주식회사는 농민들에게 빼앗은 땅에 소작을 짓게 했어.
'소작'이란 일정 비용인 '소작료'를 내고
다른 사람 땅을 빌려 농사를 짓는 일을 말해.
그런데 동양 척식 주식회사는 잔인하게도
수확한 농산물의 50% 이상을 소작료로 가져갔어.
그러니 멀쩡한 땅을 빼앗기고 소작농 신세가 된 농민들은
아무리 농사를 지어도 점점 가난해졌고,
결국 많은 농민들이 고향을 떠나 간도나 만주 등지로 이전했지.
광복 후, 농민들은 소작 제도에 대해 강한 불만을 표시했어.
그 결과 광복 직후 만들어진 헌법에 이 조항이 들어가게 된 거야.

> **122조** 국가는 국민 모두의 생산 및 생활의 기반이 되는 국토의 효율적이고 균형 있는 이용·개발과 보전을 위하여 법률이 정하는 바에 의하여 그에 관한 필요한 제한과 의무를 과할 수 있다.

대한민국에서 국토는 개인의 사유 재산이야.
아무리 국가라도, 개인의 사유 재산을 함부로 건드릴 수는 없지.
하지만 그렇다고 해서 개인이 자기 소유의 토지를
아무렇게나 훼손할 수 있는 권리가 있는 건 아니야.
만약 어떤 사람이 도심 한가운데 있는 자신의 땅에
대량의 쓰레기를 쌓아 둔다면?
그 주변에 사는 사람들 모두가 쓰레기에서 뿜어져 나오는
악취 때문에 고통받겠지.
그리고 쓰레기 때문에 오염된 땅을 다시 되살리려면
오랜 기간이 필요할 거야.

그래서 국가는 아무리 국토가 사유 재산이라 할지라도
국토를 효율적이고 균형있게 이용·개발하고 보전하기 위하여
법률이 정한 바에 따라 국민의 권리를 제한할 수 있도록
122조를 만들었어.

> ⚖️ **123조 1항** 국가는 농업 및 어업을 보호·육성하기 위하여
> 농·어촌 종합 개발과 그 지원 등 필요한 계획을
> 수립·시행하여야 한다.
> **2항** 국가는 지역 간의 균형있는 발전을 위하여
> 지역 경제를 육성할 의무를 진다.
> **3항** 국가는 중소기업을 보호·육성하여야 한다. (…중략)

제123조는 시장 경제에만 맡겨 두면 취약해질 수 있는 산업들을

국가가 보호할 수 있다는 내용을 담고 있어.
국가가 어떠한 경제 활동을 보호하고 육성해야 한다고
명확히 헌법에 명시한 경우는 다른 나라에서는 찾기 힘들어.
그만큼 대한민국은 균형 있는 경제 발전을 위해
심혈을 기울이고 있다는 뜻이지.

123조 1항은 국가가 농업과 어업을 보호해야 한다고 말하고 있어.
농업과 어업은 국민 안전과 직결되는 국가 식량 자원을 생산하는
중요한 사업임에도 불구하고, 다른 고부가 가치 산업들에 밀려서
홀대받는 경우가 있어.
만약 사람들이 점점 농업과 어업에 손을 떼면
어떤 일이 벌어질까?

우리나라에서 나는 식량이 부족해지면
결국 다른 나라에서 식량을 수입해 올 수밖에 없겠지.
그런데 만약 우리가 식량을 사 오던 나라에서 갑자기
우리나라한테 식량을 터무니없이 비싼 값에 팔겠다고 하면?

다른 건 몰라도, 식량이 없으면 사람이 살 수 없으니
어쩔 수 없이 비싼 값을 내더라도 수입을 해야겠지.
그럼 결국 아무리 다른 산업으로 돈을 많이 번다 해도
식량을 수입하는 데 그 돈을 모두 다 쓸 수밖에 없어.

이런 경우를 '식량 주권'을 잃어버렸다고 하는 거야.

대한민국은 이 식량 주권을 지키기 위해
국가 차원에서 농업과 어업을 보호하고 있어.

그리고 123조에는 빠져 있지만 축산업과 임업 역시 국가의 보호를
받고 있어.
123조 2항에서 말하는 지역 간의 균형 있는 발전에서,
특히 헌법이 자주 강조하는 지역은 주로 농어촌이야.
대한민국은 대도시 위주의 발전을 계속 이어오는 바람에,
상대적으로 농어촌 지역이 낙후되어 있어.
그래서 국가에서는 농어촌 역시 균형 있게 발전할 수 있도록
여러 노력을 기울이고 있지.

123조 3항은 중소기업의 보호·육성에 대한 조항이야.
과거에는 빠른 경제 성장을 위해 대기업에 편중된 경제 정책을
만든 적도 있었어.
하지만 이제 대기업 중심의 발전에는 한계가 있음이 드러났지.
'중소기업이 살아야 경제가 산다'는 말처럼,
작은 기업들이 계속 성장해야지만 국민 경제가 고루 발전할 수 있어.
그래서 국가가 중소기업을 보호·육성해야 한다고
헌법에 명시해 둔 거야.

> ⚖️ **124조** 국가는 소비 행위를 계도하고 생산품의
> 품질 향상을 촉구하기 위한 소비자 보호 운동을
> 법률이 정하는 바에 의하여 보장한다.

과거에는 사람에 비해 물건이 절대적으로 부족했기 때문에,
물건을 많이 생산해서 일단 사람들에게 공급하는 게 최고의 목표였어.
하지만 산업이 발전하면서 물건들이 넘쳐나게 되었고,
이제는 마음에 드는 물건을 고를 수 있게 되었지.
그 과정에, 생산자가 소비자를 속여 부당한 이득을 취하는 일들이
일어났고, 이를 해결하는 것이 중요한 문제로 대두되었어.
소비자인 국민을 보호하는 것이 국가의 역할이 된 거야.

그래서 대한민국은 소비자 보호법을 만들고,
한국소비자원을 설립해 소비자의 권리를 보호하려고 노력하고 있어.

⚖ 125조 국가는 대외 무역을 육성하며, 이를 규제·조정할 수 있다.

과거에는 외국 제품을 쓰는 것이
부의 상징으로 여겨지던 때가 있었어.
하지만 요즘은 스마트폰으로 클릭 한 번만 하면,
누구나 지구 반대편에 있는 물건을
집에서 받아 볼 수 있는 시대가 되었지.
물건을 사고파는 시장이 넓어지는 건
생산자와 소비자 모두에게 좋은 일이야.
소비자는 더욱 다양한 제품들을 비교해 보고
자신에게 더 맞는 물건을 구매할 수 있거든.

그렇기 때문에 헌법 125조에 이러한 내용을 명시해서
국가가 외국과의 무역을 육성하도록 했지.
국가 간 무역 조약을 체결하여 자유로운 무역이
이루어지도록 하는 것도 그런 노력 중 하나지.

하지만 무조건 대외 무역을 육성하는 것이 좋은 것만은 아니야.
123조에서 살펴본 '식량 주권'에 관한 이야기를 떠올려 봐.
수입 농산물이 싸다고 무작정 수입해 오면
국산 농산물은 경쟁력을 잃고 말 거야.
그럼 다들 수익도 나지 않는 농사는 지으려 하지 않을 테고,
농사를 짓는 사람들은 결국 사라지겠지.
그런 최악의 사태를 막기 위해서
국가는 대외 무역을 규제하거나 조정할 수도 있어.

> ⚖️ **126조** 국방상 또는 국민 경제상 간절한 필요로 인하여 법률이 정하는 경우를 제외하고는, 사영 기업을 국유 또는 공유로 이전하거나 그 경영을 통제 또는 관리할 수 없다.

만약 자신이 정성들여 일군 기업을 국가에 헐값으로 빼앗긴다면
누가 열심히 일을 하고 회사를 경영하려 하겠어?
그렇기에 헌법은 대부분의 경우
국가가 사기업의 경영에 개입하는 걸 엄격히 금지하고 있어.
다만 국방상, 또는 국민 경제상 간절히 필요할 때는
가능하다고 단서를 두었지만,
이때도 법률이 정한 바에 따라 진행하도록 되어 있지.

> ⚖️ **127조 1항** 국가는 과학 기술의 혁신과 정보 및 인력의 개발을 통하여 국민 경제의 발전에 노력하여야 한다.

국가 발전에 있어 과학 기술의 중요성은 두말할 필요도 없는 일이겠지.
미래를 현실로 만들기 위해서는 과학 기술이 꼭 필요하니까.
그래서 대한민국은 과학 기술을 발전시키는 데
국가가 노력할 것을 헌법에 못 박았어.

완전히 자유로운 인간은
독립적이고 민주적인 국가에서,
평등한 법 아래 최소한의 구속만 있는 사회에서,

안전한 생계와 확실한 편안함이 허용되고
능력에 의해 출세할 수 있는 완전한 기회를
갖는 경제 제도에서 사는 사람이다.

– 비스카운트 사무엘 (영국의 정치인)

헌법은 절대적인 가치가 아니야.

처음에는 아무리 좋은 취지를 가지고 만든 헌법이라 할지라도,
시간이 흐르면서 그 의미가 퇴색되거나 변질될 수도 있어.
그렇기 때문에 헌법 또한 시대에 맞게 고칠 수 있는 거야.
하지만 그렇다고 해서, 헌법을 함부로 고쳐서도 안 되지.

헌법은 국가가 나아가야 할 방향을 결정하는 나침반 같은 역할을 해.

그런데 나침반의 방향을 이리저리 바꿨다가는 어떻게 되겠어?
결국 국가는 나아가야 할 방향을 잃고 어지럽게 헤매다
길을 잃어버리겠지.
이를 막기 위해서 헌법 개정은
몹시 까다로운 절차를 거치도록 되어 있어.
그리고 그 내용을 헌법의 마지막 장인 10장에 담아 두었지.

> **128조 1항** 헌법 개정은 국회 재적 의원 과반수 또는 대통령의 발의로 제안된다.

헌법을 개정하고자 한다는 제안을 하기 위해서는
어떤 조건이 필요할까?
먼저 국회 재적 의원의 과반수가 찬성해야 해.
현재 대한민국 국회의원의 정원은 총 300명이니
모두 재적 의원이라고 한다면 최소한 151명이 헌법을 개정하는 데
찬성해야 제안이라도 할 수 있는 거지.
일반적인 법률을 개정하고자 제안할 땐 국회의원 10명의 찬성만

필요한데, 15배가 넘는 국회의원의 찬성이 필요한 거야.

이런 조건만 봐도 헌법 개정이 얼마나 까다로운지 잘 알겠지?

또는 국민의 대표자로 선출된 대통령도 헌법 개정을 제안할 수 있어.

그런데 헌법 개정에는 단서가 하나 따라붙어.

> **128조 2항** 대통령의 임기 연장 또는 중임 변경을 위한 헌법 개정은 그 헌법 개정 제안 당시의 대통령에 대하여는 효력이 없다.

우리나라의 대통령제는 5년 단임제야.

임기는 총 5년이고, 한 번 대통령을 하면 다시는 출마할 수 없다는 거지.

그런데 미국을 비롯한 여러 대통령제 국가에서는
'중임제'를 선택하고 있어.

중임제란 대통령직을 한 번 수행했어도,
다시 선거에 출마해 당선이 되면
또다시 대통령직을 수행할 수 있게 하는 제도야.
우리나라도 현재의 대통령제를 중임제로 바꿔야 하는 게 아니냐는
논의가 활발하게 이루어지고 있어.

하지만 대한민국은 과거 독재자들이 권력을 독차지하기 위해
함부로 대통령의 임기를 연장하는 사건이 일어났던 아픈 과거가 있어.
그래서 두 번 다시 그런 일이 벌어지지 않도록 128조 2항을 넣은 거야.

⚖️ **129조** 제안된 헌법 개정안은 대통령이 20일 이상의 기간 이를 공고하여야 한다.

다시 한 번 강조할게.
헌법은 국가의 방향을 결정하는 법이야.

그러니 국가의 주인인 국민들에게 헌법을 어떻게 개정하려고 하는지
그 내용을 상세하게 알려야 할 의무가 있어.
그래서 최소 20일 이상 그 내용을 공고해서
모든 국민이 알 수 있게 해야지.
국민 대다수가 헌법 개정안에 반대하는 목소리를 높인다면,
국회나 대통령도 무작정 헌법을 개정할 수 없을 테니까.

⚖️ **130조 1항** 국회는 헌법 개정안이 공고된 날로부터
60일 이내에 의결하여야 하며,
국회의 의결은 재적 의원 3분의 2 이상의
찬성을 얻어야 한다.
2항 헌법 개정안은 국회가 의결한 후 30일 이내에
국민 투표에 붙여 국회의원 선거권자 과반수의
투표와 투표자 과반수의 찬성을 얻어야 한다.
3항 헌법 개정안이 제2항의 찬성을 얻은 때에는
헌법 개정은 확정되며, 대통령은 즉시
이를 공포하여야 한다.

헌법을 개정하기 위해서는 두 번의 투표가 필요해.
첫 번째는 국민의 목소리를 대변하는 국회의원들의 투표야.
재적 의원 3분의 2 이상이 찬성을 해야 하지.
이 정도만 해도 힘들지만, 아직 멀었어.

다른 법은 몰라도 헌법만큼은 국민의 목소리를 직접 들어야 하거든.
그래서 국민 투표를 통해 국회의원 선거권을 가진 사람 중 절반 이상이
투표를 하고, 또 그중에서 절반 이상이 찬성을 해야 해.

이 두 번의 투표까지 통과하고 나면 정말로 헌법을 개정하는 것이
국민의 뜻에 맞는 것임이 확실하기 때문에,
대통령은 즉시 바뀐 헌법을 공포하여 효력을 발휘할 수 있도록 해야 해.
이것이 헌법 개정의 절차야.

제안		공고		국회 의결
• 국회 재적 의원 과반수 찬성 • 대통령 발의	→	대통령이 20일 이상 공고	60일 →	재적 의원 3분의 2 이상 찬성

	국민 투표		공포
30일 →	국회의원 선거권자 과반수 투표와 투표자 과반수 찬성	즉시 →	대통령 공포

헌법의 힘은 전적으로 이를 수호하고자 하는
각 시민들의 결단에 달려 있다.
각각의 시민이 헌법 수호를 위해
자신이 감당해야 할 몫에 대한 의무를 느낄 때
비로소 헌법의 권리가 보장된다.

– 알버트 아인슈타인(미국의 물리학자)

| 에필로그 |

이것으로 총 10장 130개 조로 이루어진 헌법을 모두 살펴봤어.
어찌 보면 많은 듯싶지만,
한 국가의 기틀과 방향을 잡는 중요한 내용이 담겼다고 생각하면
적다고도 느껴질 수 있을 거야.
하지만 중요한 건 이 헌법 안에
국가의 주인인 국민의 행복과 권리를 지키기 위한 노력이
담겨 있다는 거야.

우리가 꼭 명심해야 할 게 있어.
자신만 생각하는 일부 이기적인 사람들이 헌법의 정신을 무시하면서
사리사욕만 챙기려 했던 모습들을 떠올려 봐.
그런 일이 비일비재해진다면,
아무리 잘 만든 헌법도 휴지 조각이나 마찬가지겠지.
그러니 우리는 헌법의 정신을 어기려는 사람이 나오지 않도록
감시의 눈을 거두지 말아야 해.
그것이 우리가 헌법을 위해 할 수 있는 일이야!

헌법이 보장할 수 있는
유일한 것은
행복을 추구할 권리다.
그러나 당신은 스스로
행복을 잡아야 한다.

– 벤저민 프랭클린

| 대한민국 헌법 |

전문

유구한 역사와 전통에 빛나는 우리 대한 국민은 3·1 운동으로 건립된 대한민국 임시 정부의 법통과 불의에 항거한 4·19 민주 이념을 계승하고, 조국의 민주개혁과 평화적 통일의 사명에 입각하여 정의·인도와 동포애로써 민족의 단결을 공고히 하고, 모든 사회적 폐습과 불의를 타파하며, 자율과 조화를 바탕으로 자유 민주적 기본 질서를 더욱 확고히 하여 정치·경제·사회·문화의 모든 영역에 있어서 각인의 기회를 균등히 하고, 능력을 최고도로 발휘하게 하며, 자유와 권리에 따르는 책임과 의무를 완수하게 하여, 안으로는 국민 생활의 균등한 향상을 기하고 밖으로는 항구적인 세계 평화와 인류 공영에 이바지함으로써 우리들과 우리들의 자손의 안전과 자유와 행복을 영원히 확보할 것을 다짐하면서 1948년 7월 12일에 제정되고 8차에 걸쳐 개정된 헌법을 이제 국회의 의결을 거쳐 국민 투표에 의하여 개정한다. (1987년 10월 29일)

제1장 총강

제1조 ①대한민국은 민주 공화국이다.
②대한민국의 주권은 국민에게 있고, 모든 권력은 국민으로부터 나온다.

제2조 ①대한민국의 국민이 되는 요건은 법률로 정한다.
②국가는 법률이 정하는 바에 의하여 재외국민을 보호할 의무를 진다.

제3조 대한민국의 영토는 한반도와 그 부속 도서로 한다.

제4조 대한민국은 통일을 지향하며, 자유 민주적 기본 질서에 입각한 평화적 통일 정책을 수립하고 이를 추진한다.

제5조 ①대한민국은 국제 평화의 유지에 노력하고 침략적 전쟁을 부인한다.
②국군은 국가의 안전 보장과 국토방위의 신성한 의무를 수행함을 사명으로 하며, 그 정치적 중립성은 준수된다.

제6조 ①헌법에 의하여 체결·공포된 조약과 일반적으로 승인된 국제 법규는 국내법과 같은 효력을 가진다.
②외국인은 국제법과 조약이 정하는 바에 의하여 그 지위가 보장된다.

제7조 ①공무원은 국민 전체에 대한 봉사자이며, 국민에 대하여 책임을 진다.
②공무원의 신분과 정치적 중립성은 법률이 정하는 바에 의하여 보장된다.

제8조 ①정당의 설립은 자유이며, 복수 정당제는 보장된다.
②정당은 그 목적·조직과 활동이 민주적이어야 하며, 국민의 정치적 의사 형성에 참여하는 데 필요한 조직을 가져야 한다.
③정당은 법률이 정하는 바에 의하여 국가의 보호를 받으며, 국가는 법률이 정하는 바에 의하여 정당 운영에 필요한 자금을 보조할 수 있다.

④정당의 목적이나 활동이 민주적 기본질서에 위배될 때에는 정부는 헌법 재판소에 그 해산을 제소할 수 있고, 정당은 헌법 재판소의 심판에 의하여 해산된다.
제9조 국가는 전통문화의 계승·발전과 민족 문화의 창달에 노력하여야 한다.

제2장 국민의 권리와 의무
제10조 모든 국민은 인간으로서의 존엄과 가치를 가지며, 행복을 추구할 권리를 가진다. 국가는 개인이 가지는 불가침의 기본적 인권을 확인하고 이를 보장할 의무를 진다.
제11조 ①모든 국민은 법 앞에 평등하다. 누구든지 성별·종교 또는 사회적 신분에 의하여 정치적·경제적·사회적·문화적 생활의 모든 영역에 있어서 차별을 받지 아니한다.
②사회적 특수 계급의 제도는 인정되지 아니하며, 어떠한 형태로도 이를 창설할 수 없다.
③훈장 등의 영전은 이를 받은 자에게만 효력이 있고, 어떠한 특권도 이에 따르지 아니한다.
제12조 ①모든 국민은 신체의 자유를 가진다. 누구든지 법률에 의하지 아니하고는 체포·구속·압수·수색 또는 심문을 받지 아니하며, 법률과 적법한 절차에 의하지 아니하고는 처벌·보안 처분 또는 강제 노역을 받지 아니한다.
②모든 국민은 고문을 받지 아니하며, 형사상 자기에게 불리한 진술을 강요당하지 아니한다.
③체포·구속·압수 또는 수색을 할 때에는 적법한 절차에 따라 검사의 신청에 의하여 법관이 발부한 영장을 제시하여야 한다. 다만, 현행 범인인 경우와 장기 3년 이상의 형에 해당하는 죄를 범하고 도피 또는 증거 인멸의 염려가 있을 때에는 사후에 영장을 청구할 수 있다.
④누구든지 체포 또는 구속을 당한 때에는 즉시 변호인의 조력을 받을 권리를 가진다. 다만, 형사 피고인이 스스로 변호인을 구할 수 없을 때에는 법률이 정하는 바에 의하여 국가가 변호인을 붙인다.
⑤누구든지 체포 또는 구속의 이유와 변호인의 조력을 받을 권리가 있음을 고지받지 아니하고는 체포 또는 구속을 당하지 아니한다. 체포 또는 구속을 당한 자의 가족 등 법률이 정하는 자에게는 그 이유와 일시·장소가 지체없이 통지되어야 한다.
⑥누구든지 체포 또는 구속을 당한 때에는 적부의 심사를 법원에 청구할 권리를 가진다.
⑦피고인의 자백이 고문·폭행·협박·구속의 부당한 장기화 또는 기망 기타의 방법에 의하여 자의로 진술된 것이 아니라고 인정될 때 또는 정식 재판에 있어서 피고인의 자백이 그에게 불리한 유일한 증거일 때에는 이를 유죄의 증거로 삼거나 이를 이유로 처벌할 수 없다.

제13조 ①모든 국민은 행위시의 법률에 의하여 범죄를 구성하지 아니하는 행위로 소추되지 아니하며, 동일한 범죄에 대하여 거듭 처벌받지 아니한다.
②모든 국민은 소급 입법에 의하여 참정권의 제한을 받거나 재산권을 박탈당하지 아니한다.
③모든 국민은 자기의 행위가 아닌 친족의 행위로 인하여 불이익한 처우를 받지 아니한다.
제14조 모든 국민은 거주·이전의 자유를 가진다.
제15조 모든 국민은 직업 선택의 자유를 가진다.
제16조 모든 국민은 주거의 자유를 침해받지 아니한다. 주거에 대한 압수나 수색을 할 때에는 검사의 신청에 의하여 법관이 발부한 영장을 제시하여야 한다.
제17조 모든 국민은 사생활의 비밀과 자유를 침해받지 아니한다.
제18조 모든 국민은 통신의 비밀을 침해받지 아니한다.
제19조 모든 국민은 양심의 자유를 가진다.
제20조 ①모든 국민은 종교의 자유를 가진다.
②국교는 인정되지 아니하며, 종교와 정치는 분리된다.
제21조 ①모든 국민은 언론·출판의 자유와 집회·결사의 자유를 가진다.
②언론·출판에 대한 허가나 검열과 집회·결사에 대한 허가는 인정되지 아니한다.
③통신·방송의 시설 기준과 신문의 기능을 보장하기 위하여 필요한 사항은 법률로 정한다.
④언론·출판은 타인의 명예나 권리 또는 공중 도덕이나 사회 윤리를 침해하여서는 아니된다. 언론·출판이 타인의 명예나 권리를 침해한 때에는 피해자는 이에 대한 피해의 배상을 청구할 수 있다.
제22조 ①모든 국민은 학문과 예술의 자유를 가진다.
②저작자·발명가·과학 기술자와 예술가의 권리는 법률로써 보호한다.
제23조 ①모든 국민의 재산권은 보장된다. 그 내용과 한계는 법률로 정한다.
②재산권의 행사는 공공 복리에 적합하도록 하여야 한다.
③공공 필요에 의한 재산권의 수용·사용 또는 제한 및 그에 대한 보상은 법률로써 하되, 정당한 보상을 지급하여야 한다.
제24조 모든 국민은 법률이 정하는 바에 의하여 선거권을 가진다.
제25조 모든 국민은 법률이 정하는 바에 의하여 공무 담임권을 가진다.
제26조 ①모든 국민은 법률이 정하는 바에 의하여 국가 기관에 문서로 청원할 권리를 가진다.
②국가는 청원에 대하여 심사할 의무를 진다.
제27조 ①모든 국민은 헌법과 법률이 정

한 법관에 의하여 법률에 의한 재판을 받을 권리를 가진다.
②군인 또는 군무원이 아닌 국민은 대한민국의 영역 안에서는 중대한 군사상 기밀·초병·초소·유독 음식물 공급·포로·군용물에 관한 죄 중 법률이 정한 경우와 비상 계엄이 선포된 경우를 제외하고는 군사 법원의 재판을 받지 아니한다.
③모든 국민은 신속한 재판을 받을 권리를 가진다. 형사 피고인은 상당한 이유가 없는 한 지체없이 공개 재판을 받을 권리를 가진다.
④형사 피고인은 유죄의 판결이 확정될 때까지는 무죄로 추정된다.
⑤형사 피해자는 법률이 정하는 바에 의하여 당해 사건의 재판 절차에서 진술할 수 있다.
제28조 형사 피의자 또는 형사 피고인으로서 구금되었던 자가 법률이 정하는 불기소 처분을 받거나 무죄 판결을 받은 때에는 법률이 정하는 바에 의하여 국가에 정당한 보상을 청구할 수 있다.
제29조 ①공무원의 직무상 불법 행위로 손해를 받은 국민은 법률이 정하는 바에 의하여 국가 또는 공공 단체에 정당한 배상을 청구할 수 있다. 이 경우 공무원 자신의 책임은 면제되지 아니한다.
②군인·군무원·경찰 공무원 기타 법률이 정하는 자가 전투·훈련 등 직무 집행과 관련하여 받은 손해에 대하여는 법률이 정하는 보상 외에 국가 또는 공공 단체에 공무원의 직무상 불법 행위로 인한 배상은 청구할 수 없다.
제30조 타인의 범죄 행위로 인하여 생명·신체에 대한 피해를 받은 국민은 법률이 정하는 바에 의하여 국가로부터 구조를 받을 수 있다.
제31조 ①모든 국민은 능력에 따라 균등하게 교육을 받을 권리를 가진다.
②모든 국민은 그 보호하는 자녀에게 적어도 초등 교육과 법률이 정하는 교육을 받게 할 의무를 진다.
③의무 교육은 무상으로 한다.
④교육의 자주성·전문성·정치적 중립성 및 대학의 자율성은 법률이 정하는 바에 의하여 보장된다.
⑤국가는 평생 교육을 진흥하여야 한다.
⑥학교 교육 및 평생 교육을 포함한 교육 제도와 그 운영, 교육 재정 및 교원의 지위에 관한 기본적인 사항은 법률로 정한다.
제32조 ①모든 국민은 근로의 권리를 가진다. 국가는 사회적·경제적 방법으로 근로자의 고용의 증진과 적정 임금의 보장에 노력하여야 하며, 법률이 정하는 바에 의하여 최저 임금제를 시행하여야 한다.
②모든 국민은 근로의 의무를 진다. 국가는 근로의 의무의 내용과 조건을 민주주의 원칙에 따라 법률로 정한다.
③근로 조건의 기준은 인간의 존엄성을 보장하도록 법률로 정한다.

④여자의 근로는 특별한 보호를 받으며, 고용·임금 및 근로 조건에 있어서 부당한 차별을 받지 아니한다.
⑤연소자의 근로는 특별한 보호를 받는다.
⑥국가 유공자·상이 군경 및 전몰 군경의 유가족은 법률이 정하는 바에 의하여 우선적으로 근로의 기회를 부여받는다.

제33조 ①근로자는 근로 조건의 향상을 위하여 자주적인 단결권·단체 교섭권 및 단체 행동권을 가진다.
②공무원인 근로자는 법률이 정하는 자에 한하여 단결권·단체 교섭권 및 단체 행동권을 가진다.
③법률이 정하는 주요 방위 산업체에 종사하는 근로자의 단체 행동권은 법률이 정하는 바에 의하여 이를 제한하거나 인정하지 아니할 수 있다.

제34조 ①모든 국민은 인간다운 생활을 할 권리를 가진다.
②국가는 사회 보장·사회 복지의 증진에 노력할 의무를 진다.
③국가는 여자의 복지와 권익의 향상을 위하여 노력하여야 한다.
④국가는 노인과 청소년의 복지 향상을 위한 정책을 실시할 의무를 진다.
⑤신체 장애자 및 질병·노령 기타의 사유로 생활 능력이 없는 국민은 법률이 정하는 바에 의하여 국가의 보호를 받는다.
⑥국가는 재해를 예방하고 그 위험으로부터 국민을 보호하기 위하여 노력하여야 한다.

제35조 ①모든 국민은 건강하고 쾌적한 환경에서 생활할 권리를 가지며, 국가와 국민은 환경 보전을 위하여 노력하여야 한다.
②환경권의 내용과 행사에 관하여는 법률로 정한다.
③국가는 주택 개발 정책 등을 통하여 모든 국민이 쾌적한 주거 생활을 할 수 있도록 노력하여야 한다.

제36조 ①혼인과 가족 생활은 개인의 존엄과 양성의 평등을 기초로 성립되고 유지되어야 하며, 국가는 이를 보장한다.
②국가는 모성의 보호를 위하여 노력하여야 한다.
③모든 국민은 보건에 관하여 국가의 보호를 받는다.

제37조 ①국민의 자유와 권리는 헌법에 열거되지 아니한 이유로 경시되지 아니한다.
②국민의 모든 자유와 권리는 국가 안전 보장·질서 유지 또는 공공 복리를 위하여 필요한 경우에 한하여 법률로써 제한할 수 있으며, 제한하는 경우에도 자유와 권리의 본질적인 내용을 침해할 수 없다.

제38조 모든 국민은 법률이 정하는 바에 의하여 납세의 의무를 진다.

제39조 ①모든 국민은 법률이 정하는 바에 의하여 국방의 의무를 진다.
②누구든지 병역 의무의 이행으로 인하여 불이익한 처우를 받지 아니한다.

제3장 국회

제40조 입법권은 국회에 속한다.

제41조 ①국회는 국민의 보통·평등·직접·비밀 선거에 의하여 선출된 국회의원으로 구성한다.

②국회의원의 수는 법률로 정하되, 200인 이상으로 한다.

③국회의원의 선거구와 비례 대표제 기타 선거에 관한 사항은 법률로 정한다.

제42조 국회의원의 임기는 4년으로 한다.

제43조 국회의원은 법률이 정하는 직을 겸할 수 없다.

제44조 ①국회의원은 현행 범인인 경우를 제외하고는 회기 중 국회의 동의없이 체포 또는 구금되지 아니한다.

②국회의원이 회기 전에 체포 또는 구금된 때에는 현행 범인이 아닌 한 국회의 요구가 있으면 회기 중 석방된다.

제45조 국회의원은 국회에서 직무상 행한 발언과 표결에 관하여 국회 외에서 책임을 지지 아니한다.

제46조 ①국회의원은 청렴의 의무가 있다.

②국회의원은 국가 이익을 우선하여 양심에 따라 직무를 행한다.

③국회의원은 그 지위를 남용하여 국가·공공 단체 또는 기업체와의 계약이나 그 처분에 의하여 재산상의 권리·이익 또는 직위를 취득하거나 타인을 위하여 그 취득을 알선할 수 없다.

제47조 ①국회의 정기회는 법률이 정하는 바에 의하여 매년 1회 집회되며, 국회의 임시회는 대통령 또는 국회 재적 의원 4분의 1 이상의 요구에 의하여 집회된다.

②정기회의 회기는 100일을, 임시회의 회기는 30일을 초과할 수 없다.

③대통령이 임시회의 집회를 요구할 때에는 기간과 집회 요구의 이유를 명시하여야 한다.

제48조 국회는 의장 1인과 부의장 2인을 선출한다.

제49조 국회는 헌법 또는 법률에 특별한 규정이 없는 한 재적 의원 과반수의 출석과 출석 의원 과반수의 찬성으로 의결한다. 가부동수인 때에는 부결된 것으로 본다.

제50조 ①국회의 회의는 공개한다. 다만, 출석 의원 과반수의 찬성이 있거나 의장이 국가의 안전 보장을 위하여 필요하다고 인정할 때에는 공개하지 아니할 수 있다.

②공개하지 아니한 회의 내용의 공표에 관하여는 법률이 정하는 바에 의한다.

제51조 국회에 제출된 법률안 기타의 의안은 회기 중에 의결되지 못한 이유로 폐기되지 아니한다. 다만, 국회의원의 임기가 만료된 때에는 그러하지 아니하다.

제52조 국회의원과 정부는 법률안을 제출할 수 있다.

제53조 ①국회에서 의결된 법률안은 정

부에 이송되어 15일 이내에 대통령이 공포한다.

② 법률안에 이의가 있을 때에는 대통령은 제1항의 기간 내에 이의서를 붙여 국회로 환부하고, 그 재의를 요구할 수 있다. 국회의 폐회 중에도 또한 같다.

③ 대통령은 법률안의 일부에 대하여 또는 법률안을 수정하여 재의를 요구할 수 없다.

④ 재의의 요구가 있을 때에는 국회는 재의에 붙이고, 재적 의원 과반수의 출석과 출석의원 3분의 2 이상의 찬성으로 전과 같은 의결을 하면 그 법률안은 법률로서 확정된다.

⑤ 대통령이 제1항의 기간 내에 공포나 재의의 요구를 하지 아니한 때에도 그 법률안은 법률로서 확정된다.

⑥ 대통령은 제4항과 제5항의 규정에 의하여 확정된 법률을 지체없이 공포하여야 한다. 제5항에 의하여 법률이 확정된 후 또는 제4항에 의한 확정 법률이 정부에 이송된 후 5일 이내에 대통령이 공포하지 아니할 때에는 국회의장이 이를 공포한다.

⑦ 법률은 특별한 규정이 없는 한 공포한 날로부터 20일을 경과함으로써 효력을 발생한다.

제54조 ① 국회는 국가의 예산안을 심의·확정한다.

② 정부는 회계 연도마다 예산안을 편성하여 회계 연도 개시 90일 전까지 국회에 제출하고, 국회는 회계 연도 개시 30일 전까지 이를 의결하여야 한다.

③ 새로운 회계 연도가 개시될 때까지 예산안이 의결되지 못한 때에는 정부는 국회에서 예산안이 의결될 때까지 다음의 목적을 위한 경비는 전년도 예산에 준하여 집행할 수 있다.

1. 헌법이나 법률에 의하여 설치된 기관 또는 시설의 유지·운영
2. 법률상 지출 의무의 이행
3. 이미 예산으로 승인된 사업의 계속

제55조 ① 한 회계 연도를 넘어 계속하여 지출할 필요가 있을 때에는 정부는 연한을 정하여 계속비로서 국회의 의결을 얻어야 한다.

② 예비비는 총액으로 국회의 의결을 얻어야 한다. 예비비의 지출은 차기 국회의 승인을 얻어야 한다.

제56조 정부는 예산에 변경을 가할 필요가 있을 때에는 추가 경정 예산안을 편성하여 국회에 제출할 수 있다.

제57조 국회는 정부의 동의없이 정부가 제출한 지출 예산 각항의 금액을 증가하거나 새 비목을 설치할 수 없다.

제58조 국채를 모집하거나 예산 외에 국가의 부담이 될 계약을 체결하려 할 때에는 정부는 미리 국회의 의결을 얻어야 한다.

제59조 조세의 종목과 세율은 법률로 정한다.

제60조 ① 국회는 상호 원조 또는 안전

보장에 관한 조약, 중요한 국제 조직에 관한 조약, 우호 통상 항해 조약, 주권의 제약에 관한 조약, 강화 조약, 국가나 국민에게 중대한 재정적 부담을 지우는 조약 또는 입법 사항에 관한 조약의 체결·비준에 대한 동의권을 가진다.

②국회는 선전포고, 국군의 외국에의 파견 또는 외국 군대의 대한민국 영역 안에서의 주류에 대한 동의권을 가진다.

제61조 ①국회는 국정을 감사하거나 특정한 국정 사안에 대하여 조사할 수 있으며, 이에 필요한 서류의 제출 또는 증인의 출석과 증언이나 의견의 진술을 요구할 수 있다.

②국정 감사 및 조사에 관한 절차 기타 필요한 사항은 법률로 정한다.

제62조 ①국무총리·국무위원 또는 정부위원은 국회나 그 위원회에 출석하여 국정 처리 상황을 보고하거나 의견을 진술하고 질문에 응답할 수 있다.

②국회나 그 위원회의 요구가 있을 때에는 국무총리·국무위원 또는 정부위원은 출석·답변하여야 하며, 국무총리 또는 국무위원이 출석 요구를 받은 때에는 국무위원 또는 정부위원으로 하여금 출석·답변하게 할 수 있다.

제63조 ①국회는 국무총리 또는 국무위원의 해임을 대통령에게 건의할 수 있다.

②제1항의 해임 건의는 국회 재적 의원 3분의 1 이상의 발의에 의하여 국회 재적 의원 과반수의 찬성이 있어야 한다.

제64조 ①국회는 법률에 저촉되지 아니하는 범위 안에서 의사와 내부 규율에 관한 규칙을 제정할 수 있다.

②국회는 의원의 자격을 심사하며, 의원을 징계할 수 있다.

③의원을 제명하려면 국회 재적 의원 3분의 2 이상의 찬성이 있어야 한다.

④제2항과 제3항의 처분에 대하여는 법원에 제소할 수 없다.

제65조 ①대통령·국무총리·국무위원·행정 각부의 장·헌법 재판소 재판관·법관·중앙 선거 관리 위원회 위원·감사원장·감사위원 기타 법률이 정한 공무원이 그 직무 집행에 있어서 헌법이나 법률을 위배한 때에는 국회는 탄핵의 소추를 의결할 수 있다.

②제1항의 탄핵소추는 국회 재적 의원 3분의 1 이상의 발의가 있어야 하며, 그 의결은 국회 재적 의원 과반수의 찬성이 있어야 한다. 다만, 대통령에 대한 탄핵소추는 국회 재적 의원 과반수의 발의와 국회 재적 의원 3분의 2 이상의 찬성이 있어야 한다.

③탄핵소추의 의결을 받은 자는 탄핵 심판이 있을 때까지 그 권한 행사가 정지된다.

④탄핵 결정은 공직으로부터 파면함에 그친다. 그러나, 이에 의하여 민사상이나 형사상의 책임이 면제되지는 아니한다.

제4장 정부

제1절 대통령

제66조 ①대통령은 국가의 원수이며, 외국에 대하여 국가를 대표한다.
②대통령은 국가의 독립·영토의 보전·국가의 계속성과 헌법을 수호할 책무를 진다.
③대통령은 조국의 평화적 통일을 위한 성실한 의무를 진다.
④행정권은 대통령을 수반으로 하는 정부에 속한다.

제67조 ①대통령은 국민의 보통·평등·직접·비밀 선거에 의하여 선출한다.
②제1항의 선거에 있어서 최고 득표자가 2인 이상인 때에는 국회의 재적의원 과반수가 출석한 공개 회의에서 다수표를 얻은 자를 당선자로 한다.
③대통령 후보자가 1인일 때에는 그 득표수가 선거권자 총수의 3분의 1 이상이 아니면 대통령으로 당선될 수 없다.
④대통령으로 선거될 수 있는 자는 국회의원의 피선거권이 있고 선거일 현재 40세에 달하여야 한다.
⑤대통령의 선거에 관한 사항은 법률로 정한다.

제68조 ①대통령의 임기가 만료되는 때에는 임기만료 70일 내지 40일 전에 후임자를 선거한다.
②대통령이 궐위된 때 또는 대통령 당선자가 사망하거나 판결 기타의 사유로 그 자격을 상실한 때에는 60일 이내에 후임자를 선거한다.

제69조 대통령은 취임에 즈음하여 다음의 선서를 한다.
"나는 헌법을 준수하고 국가를 보위하며 조국의 평화적 통일과 국민의 자유와 복리의 증진 및 민족 문화의 창달에 노력하여 대통령으로서의 직책을 성실히 수행할 것을 국민 앞에 엄숙히 선서합니다."

제70조 대통령의 임기는 5년으로 하며, 중임할 수 없다.

제71조 대통령이 궐위되거나 사고로 인하여 직무를 수행할 수 없을 때에는 국무총리, 법률이 정한 국무위원의 순서로 그 권한을 대행한다.

제72조 대통령은 필요하다고 인정할 때에는 외교·국방·통일 기타 국가 안위에 관한 중요 정책을 국민 투표에 붙일 수 있다.

제73조 대통령은 조약을 체결·비준하고, 외교 사절을 신임·접수 또는 파견하며, 선전포고와 강화를 한다.

제74조 ①대통령은 헌법과 법률이 정하는 바에 의하여 국군을 통수한다.
②국군의 조직과 편성은 법률로 정한다.

제75조 대통령은 법률에서 구체적으로 범위를 정하여 위임받은 사항과 법률을 집행하기 위하여 필요한 사항에 관하여 대통령령을 발할 수 있다.

제76조 ①대통령은 내우·외환·천재·지변 또는 중대한 재정·경제상의 위기에 있어서 국가의 안전 보장 또는 공공의 안녕 질서를 유지하기 위하여 긴급한 조치가

필요하고 국회의 집회를 기다릴 여유가 없을 때에 한하여 최소한으로 필요한 재정·경제상의 처분을 하거나 이에 관하여 법률의 효력을 가지는 명령을 발할 수 있다.

②대통령은 국가의 안위에 관계되는 중대한 교전 상태에 있어서 국가를 보위하기 위하여 긴급한 조치가 필요하고 국회의 집회가 불가능한 때에 한하여 법률의 효력을 가지는 명령을 발할 수 있다.

③대통령은 제1항과 제2항의 처분 또는 명령을 한 때에는 지체없이 국회에 보고하여 그 승인을 얻어야 한다.

④제3항의 승인을 얻지 못한 때에는 그 처분 또는 명령은 그때부터 효력을 상실한다. 이 경우 그 명령에 의하여 개정 또는 폐지되었던 법률은 그 명령이 승인을 얻지 못한 때부터 당연히 효력을 회복한다.

⑤대통령은 제3항과 제4항의 사유를 지체없이 공포하여야 한다.

제77조 ①대통령은 전시·사변 또는 이에 준하는 국가 비상 사태에 있어서 병력으로써 군사상의 필요에 응하거나 공공의 안녕 질서를 유지할 필요가 있을 때에는 법률이 정하는 바에 의하여 계엄을 선포할 수 있다.

②계엄은 비상계엄과 경비계엄으로 한다.

③비상계엄이 선포된 때에는 법률이 정하는 바에 의하여 영장 제도, 언론·출판·집회·결사의 자유, 정부나 법원의 권한에 관하여 특별한 조치를 할 수 있다.

④계엄을 선포한 때에는 대통령은 지체없이 국회에 통고하여야 한다.

⑤국회가 재적의원 과반수의 찬성으로 계엄의 해제를 요구한 때에는 대통령은 이를 해제하여야 한다.

제78조 대통령은 헌법과 법률이 정하는 바에 의하여 공무원을 임면한다.

제79조 ①대통령은 법률이 정하는 바에 의하여 사면·감형 또는 복권을 명할 수 있다.

②일반 사면을 명하려면 국회의 동의를 얻어야 한다.

③사면·감형 및 복권에 관한 사항은 법률로 정한다.

제80조 대통령은 법률이 정하는 바에 의하여 훈장 기타의 영전을 수여한다.

제81조 대통령은 국회에 출석하여 발언하거나 서한으로 의견을 표시할 수 있다.

제82조 대통령의 국법상 행위는 문서로써 하며, 이 문서에는 국무총리와 관계 국무위원이 부서한다. 군사에 관한 것도 또한 같다.

제83조 대통령은 국무총리·국무위원·행정 각부의 장 기타 법률이 정하는 공사의 직을 겸할 수 없다.

제84조 대통령은 내란 또는 외환의 죄를 범한 경우를 제외하고는 재직 중 형사상의 소추를 받지 아니한다.

제85조 전직 대통령의 신분과 예우에 관

하여는 법률로 정한다.
제2절 행정부
제1관 국무총리와 국무위원
제86조 ①국무총리는 국회의 동의를 얻어 대통령이 임명한다.
②국무총리는 대통령을 보좌하며, 행정에 관하여 대통령의 명을 받아 행정 각부를 통할한다.
③군인은 현역을 면한 후가 아니면 국무총리로 임명될 수 없다.
제87조 ①국무위원은 국무총리의 제청으로 대통령이 임명한다.
②국무위원은 국정에 관하여 대통령을 보좌하며, 국무회의의 구성원으로서 국정을 심의한다.
③국무총리는 국무위원의 해임을 대통령에게 건의할 수 있다.
④군인은 현역을 면한 후가 아니면 국무위원으로 임명될 수 없다.
제2관 국무회의
제88조 ①국무회의는 정부의 권한에 속하는 중요한 정책을 심의한다.
②국무회의는 대통령·국무총리와 15인 이상 30인 이하의 국무위원으로 구성한다.
③대통령은 국무회의의 의장이 되고, 국무총리는 부의장이 된다.
제89조 다음 사항은 국무회의의 심의를 거쳐야 한다.
1. 국정의 기본 계획과 정부의 일반 정책
2. 선전·강화 기타 중요한 대외 정책
3. 헌법 개정안·국민 투표안·조약안·법률안 및 대통령령안
4. 예산안·결산·국유 재산 처분의 기본 계획·국가의 부담이 될 계약 기타 재정에 관한 중요 사항
5. 대통령의 긴급 명령·긴급 재정 경제 처분 및 명령 또는 계엄과 그 해제
6. 군사에 관한 중요 사항
7. 국회의 임시회 집회의 요구
8. 영전 수여
9. 사면·감형과 복권
10. 행정 각부 간의 권한의 획정
11. 정부안의 권한의 위임 또는 배정에 관한 기본 계획
12. 국정 처리 상황의 평가·분석
13. 행정 각부의 중요한 정책의 수립과 조정
14. 정당 해산의 제소
15. 정부에 제출 또는 회부된 정부의 정책에 관계되는 청원의 심사
16. 검찰 총장·합동 참모 의장·각군 참모 총장·국립대학교 총장·대사 기타 법률이 정한 공무원과 국영 기업체 관리자의 임명
17. 기타 대통령·국무총리 또는 국무위원이 제출한 사항
제90조 ①국정의 중요한 사항에 관한 대통령의 자문에 응하기 위하여 국가 원로로 구성되는 국가 원로 자문 회의를 둘 수 있다.
②국가 원로 자문 회의의 의장은 직전대

통령이 된다. 다만, 직전대통령이 없을 때에는 대통령이 지명한다.

③국가 원로 자문 회의의 조직·직무 범위 기타 필요한 사항은 법률로 정한다.

제91조 ①국가 안전 보장에 관련되는 대외 정책·군사 정책과 국내 정책의 수립에 관하여 국무회의의 심의에 앞서 대통령의 자문에 응하기 위하여 국가 안전 보장 회의를 둔다.

②국가 안전 보장 회의는 대통령이 주재한다.

③국가 안전 보장 회의의 조직·직무 범위 기타 필요한 사항은 법률로 정한다.

제92조 ①평화 통일 정책의 수립에 관한 대통령의 자문에 응하기 위하여 민주 평화 통일 자문회의를 둘 수 있다.

②민주 평화 통일 자문회의의 조직·직무 범위 기타 필요한 사항은 법률로 정한다.

제93조 ①국민 경제의 발전을 위한 중요 정책의 수립에 관하여 대통령의 자문에 응하기 위하여 국민 경제 자문 회의를 둘 수 있다.

②국민 경제 자문 회의의 조직·직무 범위 기타 필요한 사항은 법률로 정한다.

제3관 행정 각부

제94조 행정 각부의 장은 국무위원 중에서 국무총리의 제청으로 대통령이 임명한다.

제95조 국무총리 또는 행정 각부의 장은 소관 사무에 관하여 법률이나 대통령령의 위임 또는 직권으로 총리령 또는 부령

을 발할 수 있다.

제96조 행정 각부의 설치·조직과 직무 범위는 법률로 정한다.

제4관 감사원

제97조 국가의 세입·세출의 결산, 국가 및 법률이 정한 단체의 회계 검사와 행정 기관 및 공무원의 직무에 관한 감찰을 하기 위하여 대통령 소속하에 감사원을 둔다.

제98조 ①감사원은 원장을 포함한 5인 이상 11인 이하의 감사위원으로 구성한다.

②원장은 국회의 동의를 얻어 대통령이 임명하고, 그 임기는 4년으로 하며, 1차에 한하여 중임할 수 있다.

③감사위원은 원장의 제청으로 대통령이 임명하고, 그 임기는 4년으로 하며, 1차에 한하여 중임할 수 있다.

제99조 감사원은 세입·세출의 결산을 매년 검사하여 대통령과 차년도 국회에 그 결과를 보고하여야 한다.

제100조 감사원의 조직·직무 범위·감사위원의 자격·감사 대상 공무원의 범위 기타 필요한 사항은 법률로 정한다.

제5장 법원

제101조 ①사법권은 법관으로 구성된 법원에 속한다.

②법원은 최고 법원인 대법원과 각급 법원으로 조직된다.

③법관의 자격은 법률로 정한다.

제102조 ①대법원에 부를 둘 수 있다.
②대법원에 대법관을 둔다. 다만, 법률이 정하는 바에 의하여 대법관이 아닌 법관을 둘 수 있다.
③대법원과 각급 법원의 조직은 법률로 정한다.

제103조 법관은 헌법과 법률에 의하여 그 양심에 따라 독립하여 심판한다.

제104조 ①대법원장은 국회의 동의를 얻어 대통령이 임명한다.
②대법관은 대법원장의 제청으로 국회의 동의를 얻어 대통령이 임명한다.
③대법원장과 대법관이 아닌 법관은 대법관 회의의 동의를 얻어 대법원장이 임명한다.

제105조 ①대법원장의 임기는 6년으로 하며, 중임할 수 없다.
②대법관의 임기는 6년으로 하며, 법률이 정하는 바에 의하여 연임할 수 있다.
③대법원장과 대법관이 아닌 법관의 임기는 10년으로 하며, 법률이 정하는 바에 의하여 연임할 수 있다.
④법관의 정년은 법률로 정한다.

제106조 ①법관은 탄핵 또는 금고 이상의 형의 선고에 의하지 아니하고는 파면되지 아니하며, 징계 처분에 의하지 아니하고는 정직·감봉 기타 불리한 처분을 받지 아니한다.
②법관이 중대한 심신상의 장해로 직무를 수행할 수 없을 때에는 법률이 정하는 바에 의하여 퇴직하게 할 수 있다.

제107조 ①법률이 헌법에 위반되는 여부가 재판의 전제가 된 경우에는 법원은 헌법 재판소에 제청하여 그 심판에 의하여 재판한다.
②명령·규칙 또는 처분이 헌법이나 법률에 위반되는 여부가 재판의 전제가 된 경우에는 대법원은 이를 최종적으로 심사할 권한을 가진다.
③재판의 전심 절차로서 행정 심판을 할 수 있다. 행정 심판의 절차는 법률로 정하되, 사법 절차가 준용되어야 한다.

제108조 대법원은 법률에 저촉되지 아니하는 범위 안에서 소송에 관한 절차, 법원의 내부 규율과 사무 처리에 관한 규칙을 제정할 수 있다.

제109조 재판의 심리와 판결은 공개한다. 다만, 심리는 국가의 안전 보장 또는 안녕 질서를 방해하거나 선량한 풍속을 해할 염려가 있을 때에는 법원의 결정으로 공개하지 아니할 수 있다.

제110조 ①군사 재판을 관할하기 위하여 특별 법원으로서 군사 법원을 둘 수 있다.
②군사 법원의 상고심은 대법원에서 관할한다.
③군사 법원의 조직·권한 및 재판관의 자격은 법률로 정한다.
④비상 계엄하의 군사 재판은 군인·군무원의 범죄나 군사에 관한 간첩죄의 경우와 초병·초소·유독 음식물 공급·포로에 관한 죄중 법률이 정한 경우에 한하여 단

심으로 할 수 있다. 다만, 사형을 선고한 경우에는 그러하지 아니하다.

제6장 헌법 재판소

제111조 ①헌법 재판소는 다음 사항을 관장한다.
1. 법원의 제청에 의한 법률의 위헌 여부 심판
2. 탄핵의 심판
3. 정당의 해산 심판
4. 국가 기관 상호 간, 국가 기관과 지방 자치 단체 간 및 지방 자치 단체 상호 간의 권한 쟁의에 관한 심판
5. 법률이 정하는 헌법소원에 관한 심판

②헌법 재판소는 법관의 자격을 가진 9인의 재판관으로 구성하며, 재판관은 대통령이 임명한다.

③제2항의 재판관 중 3인은 국회에서 선출하는 자를, 3인은 대법원장이 지명하는 자를 임명한다.

④헌법 재판소의 장은 국회의 동의를 얻어 재판관 중에서 대통령이 임명한다.

제112조 ①헌법 재판소 재판관의 임기는 6년으로 하며, 법률이 정하는 바에 의하여 연임할 수 있다.

②헌법 재판소 재판관은 정당에 가입하거나 정치에 관여할 수 없다.

③헌법 재판소 재판관은 탄핵 또는 금고 이상의 형의 선고에 의하지 아니하고는 파면되지 아니한다.

제113조 ①헌법 재판소에서 법률의 위헌 결정, 탄핵의 결정, 정당 해산의 결정 또는 헌법 소원에 관한 인용 결정을 할 때에는 재판관 6인 이상의 찬성이 있어야 한다.

②헌법 재판소는 법률에 저촉되지 아니하는 범위 안에서 심판에 관한 절차, 내부 규율과 사무 처리에 관한 규칙을 제정할 수 있다.

③헌법 재판소의 조직과 운영 기타 필요한 사항은 법률로 정한다.

제7장 선거 관리

제114조 ①선거와 국민 투표의 공정한 관리 및 정당에 관한 사무를 처리하기 위하여 선거 관리 위원회를 둔다.

②중앙 선거 관리 위원회는 대통령이 임명하는 3인, 국회에서 선출하는 3인과 대법원장이 지명하는 3인의 위원으로 구성한다. 위원장은 위원 중에서 호선한다.

③위원의 임기는 6년으로 한다.

④위원은 정당에 가입하거나 정치에 관여할 수 없다.

⑤위원은 탄핵 또는 금고 이상의 형의 선고에 의하지 아니하고는 파면되지 아니한다.

⑥중앙 선거 관리 위원회는 법령의 범위 안에서 선거 관리·국민 투표 관리 또는 정당 사무에 관한 규칙을 제정할 수 있으며, 법률에 저촉되지 아니하는 범위 안에서 내부 규율에 관한 규칙을 제정할 수 있다.

⑦각급 선거 관리 위원회의 조직·직무 범위 기타 필요한 사항은 법률로 정한다.

제115조 ①각급 선거 관리 위원회는 선거인명부의 작성 등 선거 사무와 국민 투표 사무에 관하여 관계 행정 기관에 필요한 지시를 할 수 있다.

②제1항의 지시를 받은 당해 행정 기관은 이에 응하여야 한다.

제116조 ①선거 운동은 각급 선거 관리 위원회의 관리하에 법률이 정하는 범위 안에서 하되, 균등한 기회가 보장되어야 한다.

②선거에 관한 경비는 법률이 정하는 경우를 제외하고는 정당 또는 후보자에게 부담시킬 수 없다.

제8장 지방 자치

제117조 ①지방 자치 단체는 주민의 복리에 관한 사무를 처리하고 재산을 관리하며, 법령의 범위 안에서 자치에 관한 규정을 제정할 수 있다.

②지방 자치 단체의 종류는 법률로 정한다.

제118조 ①지방 자치 단체에 의회를 둔다.

②지방 의회의 조직·권한·의원 선거와 지방 자치 단체의 장의 선임 방법 기타 지방 자치 단체의 조직과 운영에 관한 사항은 법률로 정한다.

제9장 경제

제119조 ①대한민국의 경제 질서는 개인과 기업의 경제상의 자유와 창의를 존중함을 기본으로 한다.

②국가는 균형 있는 국민 경제의 성장 및 안정과 적정한 소득의 분배를 유지하고, 시장의 지배와 경제력의 남용을 방지하며, 경제 주체 간의 조화를 통한 경제의 민주화를 위하여 경제에 관한 규제와 조정을 할 수 있다.

제120조 ①광물 기타 중요한 지하자원·수산자원·수력과 경제상 이용할 수 있는 자연력은 법률이 정하는 바에 의하여 일정한 기간 그 채취·개발 또는 이용을 특허할 수 있다.

②국토와 자원은 국가의 보호를 받으며, 국가는 그 균형 있는 개발과 이용을 위하여 필요한 계획을 수립한다.

제121조 ①국가는 농지에 관하여 경자유전의 원칙이 달성될 수 있도록 노력하여야 하며, 농지의 소작 제도는 금지된다.

②농업 생산성의 제고와 농지의 합리적인 이용을 위하거나 불가피한 사정으로 발생하는 농지의 임대차와 위탁 경영은 법률이 정하는 바에 의하여 인정된다.

제122조 국가는 국민 모두의 생산 및 생활의 기반이 되는 국토의 효율적이고 균형있는 이용·개발과 보전을 위하여 법률이 정하는 바에 의하여 그에 관한 필요한 제한과 의무를 과할 수 있다.

제123조 ①국가는 농업 및 어업을 보호·육성하기 위하여 농·어촌 종합 개발과

그 지원 등 필요한 계획을 수립·시행하여야 한다.
②국가는 지역 간의 균형있는 발전을 위하여 지역 경제를 육성할 의무를 진다.
③국가는 중소 기업을 보호·육성하여야 한다.
④국가는 농수산물의 수급 균형과 유통 구조의 개선에 노력하여 가격 안정을 도모함으로써 농·어민의 이익을 보호한다.
⑤국가는 농·어민과 중소 기업의 자조 조직을 육성하여야 하며, 그 자율적 활동과 발전을 보장한다.

제124조 국가는 건전한 소비 행위를 계도하고 생산품의 품질 향상을 촉구하기 위한 소비자 보호 운동을 법률이 정하는 바에 의하여 보장한다.

제125조 국가는 대외 무역을 육성하며, 이를 규제·조정할 수 있다.

제126조 국방상 또는 국민 경제상 긴절한 필요로 인하여 법률이 정하는 경우를 제외하고는, 사영 기업을 국유 또는 공유로 이전하거나 그 경영을 통제 또는 관리할 수 없다.

제127조 ①국가는 과학 기술의 혁신과 정보 및 인력의 개발을 통하여 국민 경제의 발전에 노력하여야 한다.
②국가는 국가 표준 제도를 확립한다.
③대통령은 제1항의 목적을 달성하기 위하여 필요한 자문 기구를 둘 수 있다.

제10장 헌법 개정

제128조 ①헌법 개정은 국회 재적 의원 과반수 또는 대통령의 발의로 제안된다.
②대통령의 임기 연장 또는 중임 변경을 위한 헌법 개정은 그 헌법 개정 제안 당시의 대통령에 대하여는 효력이 없다.

제129조 제안된 헌법 개정안은 대통령이 20일 이상의 기간 이를 공고하여야 한다.

제130조 ①국회는 헌법 개정안이 공고된 날로부터 60일 이내에 의결하여야 하며, 국회의 의결은 재적 의원 3분의 2 이상의 찬성을 얻어야 한다.
②헌법 개정안은 국회가 의결한 후 30일 이내에 국민 투표에 붙여 국회의원 선거권자 과반수의 투표와 투표자 과반수의 찬성을 얻어야 한다.
③헌법 개정안이 제2항의 찬성을 얻은 때에는 헌법 개정은 확정되며, 대통령은 즉시 이를 공포하여야 한다.

인터뷰 1 헌법이 말하는 [헌법의 의의와 기본 원리]

법 없이도 살 사람?
법 없이는 누구도 못 살아

[?] 우선 자기소개부터 해 주세요.

안녕하세요? 법들의 가장 기본이 되는 헌법입니다. 헌법에는 국가의 통치 조직과 운영 원리, 국민의 기본권을 보장하는 내용이 담겨 있습니다.

[?] '헌법의 의미'를 말씀하시는군요.

그렇습니다. 물론 그 의미도 세월이 흐르면서 많이 달라졌지만요.

[?] '세월에 따라 헌법의 의미가 변했다?' 구체적으로 설명해 주신다면요?

헌법의 고유한 의미는 국가 통치 기관을 조직하고 구성하는 것이지요. 이 헌법에 기초해 사회를 운영하는 것을 '입헌주의'라고 하는데, 근대에는 주로 국가 권력으로부터 개인의 자유를 보장하는 입헌주의가 강조되었습니다. 하지만 현대에 와서는 국민의 인간다운 생활과 생존을 보장하는 데까지 헌법의 의미가 확대되었지요.

[?] 헌법의 가치와 중요성을 다시 한 번 강조해 주시겠습니까?

네, 표로 보여 드리겠습니다.

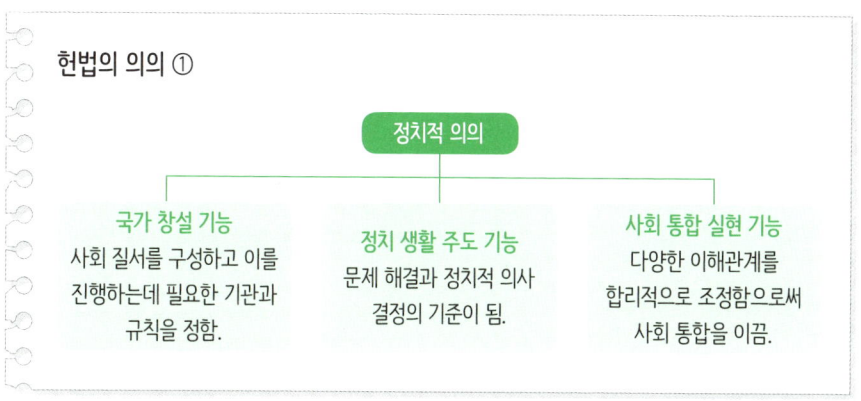

[?] 흔히 법 없이도 살 사람이라고 하지 않습니까? 그런데 위의 표를 보니 법 없이는 하루도 못 살겠네요.

맞습니다. 특히 헌법은 국가의 이념이나 사람들이 나아갈 목표를 제시하는 나라의 최고 법인 만큼 더욱 중요하지요.

우리나라 헌법에는 여섯 가지의 중요한 기본 원리가 작용합니다.

헌법의 기본 원리 ① 국민 주권주의

제1조 ② 대한민국의 주권은 국민에게 있고, 모든 권력은 국민으로부터 나온다.

뜻: 국가의 주인은 국민이며, 최종적으로 국가 의사를 결정하는 주권이 국민에 있다는 원리.

실현 방안: 대의제와 선거 제도, 복수 정당제, 언론·출판·집회·결사의 자유 보장이나 지방 자치 제도 등 참정권의 보장.

헌법의 기본 원리 ② 자유 민주주의

전문 … 자율과 조화를 바탕으로 자유 민주적 기본 질서를 더욱 확고히 하여 …

뜻: 개인의 자유를 가장 우선하여 존중하며(자유주의), 국민적 합의에 근거하여 국가 권력이 행사되어야 한다는 원리(민주주의).

실현 방안: 기본권 보장, 소수 의견 존중, 적법 절차의 원리, 법치주의, 사법권의 독립, 복수 정당제를 기본으로 한 자유로운 정당 활동 등.

헌법의 기본 원리 ③ 복지 국가의 원리

제34조 ① 모든 국민은 인간다운 생활을 할 권리를 가진다.
② 국가는 사회 보장·사회 복지의 증진에 노력할 의무를 진다.

뜻: 국가가 국민 전체의 복지가 점점 나아지도록 하고, 나아가 국민들의 인간다운 생활을 보장하는 원리.

실현 방안: 사회권 보장, 최저 임금제 실시, 국민 연금 등의 각종 사회 보장 및 보험 제도, 기초 생활 보장 제도 등을 통한 소득 재분배 정책.

헌법의 기본 원리 ④ 국제 평화주의

제5조 ① 대한민국은 국제 평화의 유지에 노력하고 침략적 전쟁을 부인한다.

뜻: 세계 평화와 인류의 공동 번영을 위해 노력하며 국제 질서를 존중하려는 원리.

실현 방안: 국제법에 해당하는 조약과 국제 관습법 존중, 침략 전쟁 금지, 상호주의 원칙에 따른 외국인 지위 보장 등.

헌법의 기본 원리 ⑤ 평화 통일 지향

제4조 대한민국은 통일을 지향하며, 자유 민주적 기본 질서에 입각한 평화적 통일 정책을 수립하고 이를 추진한다.
제66조 ③ 대통령은 조국의 평화적 통일을 위한 성실한 의무를 진다.

뜻: 자유 민주적 기본 질서에 근거를 두고 평화적 통일을 추구한다는 원리.

실현 방안: 평화 통일 정책의 수립과 실천, 민주 평화 통일 자문 회의 구성, 남북한 경제 교류 및 협력 강화 등.

헌법의 기본 원리 ⑥ 문화 국가의 원리

전문 … 유구한 역사와 전통에 빛나는…….
제9조 국가는 전통문화의 계승·발전과 민족 문화의 창달에 노력하여야 한다.
제31조 ⑤ 국가는 평생 교육을 진흥하여야 한다.

뜻: 국가가 문화 활동의 자유를 보장하고, 적극적으로 국민들의 문화적 삶을 지원하는 원리.

실현 방안: 종교·학문·예술 활동의 자유 보장, 의무 교육 제도 도입, 평생 교육 진흥 등.

인터뷰 2 헌법이 말하는 [기본권의 보장과 제한]

그런 법이 어디 있냐고요?
헌법에 있습니다!

[?] 헌법에는 국민의 기본권을 보장하는 내용이 담겨 있습니다.

인간이라면 당연히 가져야 할 기본적인 권리를 기본권이라고 합니다. 대한민국 헌법은 이를 법으로 명시하여 보장하고 있지요.

기본권 ① 인간의 존엄과 가치 및 행복 추구권

제10조 모든 국민은 인간으로서의 존엄과 가치를 가지며, 행복을 추구할 권리를 가진다.
국가는 개인이 가지는 불가침의 기본적 인권을 확인하고 이를 보장할 의무를 진다.

인간의 존엄과 가치: 사회의 한 구성원으로 자주적으로 살아가기 위함으로, 모든 기본권에 공통적으로 쓰이는 기본 이념이자 원리.

행복 추구권: 인간이 행복을 추구하면서 인간답게 살 수 있는 권리. 신체 불훼손권, 환경권, 휴식권 등이 있다.

기본권 ② 자유권

제14조 모든 국민은 거주·이전의 자유를 가진다.
제15조 모든 국민은 직업 선택의 자유를 가진다.
제16조 모든 국민은 주거의 자유를 침해받지 아니한다. 주거에 대한 압수나 수색을 할 때에는 검사의 신청에 의하여 법관이 발부한 영장을 제시하여야 한다.

제17조 모든 국민은 사생활의 비밀과 자유를 침해받지 아니한다.
제18조 모든 국민은 통신의 비밀을 침해받지 아니한다.
제19조 모든 국민은 양심의 자유를 가진다.
제20조 ① 모든 국민은 종교의 자유를 가진다.
제21조 ① 모든 국민은 언론·출판의 자유와 집회·결사의 자유를 가진다.
제22조 ① 모든 국민은 학문과 예술의 자유를 가진다.

뜻: 자신의 삶을 살아가는 데 있어서 국가의 간섭이나 침해를 받지 않고 자유로운 생활을 할 수 있는 권리. 역사가 가장 오래된 기본권.

종류: 정신적 자유, 신체적 자유, 사회·경제적 자유.

기본권 ③ 평등권

제11조 ① 모든 국민은 법 앞에 평등하다. (…중략)

뜻①: 모든 사람들에게 법은 똑같이 적용되어야 함.

뜻②: 법의 내용 역시 차별되어서는 안 됨.

종류: 법 앞의 평등, 교육 기회의 균등, 양성평등 등.

기본권 ④ 참정권

제24조 ① 모든 국민은 법률이 정하는 바에 의하여 선거권을 가진다.

뜻: 주권자인 국민이 국가의 정치 과정에 능동적으로 참여할 수 있는 권리. 국민의 적극적 권리 중 하나.

종류: 선거권(직접 국민의 대표자를 뽑을 수 있는 권리), 공무 담임권(국민이 국가 기관이나 지방 자치 단체의 구성원이 되어 공무를 담당할 수 있는 권리), 국민 투표권(국가의 중요 정책을 결정하는 국민 투표에 직접 참여할 수 있는 권리).

기본권 ⑤ 사회권

> **제34조** ① 모든 국민은 인간다운 생활을 할 권리를 가진다.

- **뜻**: 국민이 최소한의 인간다운 생활을 누리기 위해 국가에 요구할 수 있는 권리. 적극적 권리 가운데 하나다.
- **종류**: 인간다운 생활을 할 권리, 근로의 권리, 교육을 받을 권리, 근로자의 노동 3권(단결권, 단체 교섭권, 단체 행동권), 환경권, 보건권, 국가의 사회 보장 의무.

기본권 ⑥ 청구권

> **제26조** ① 모든 국민은 법률이 정하는 바에 의하여 국가 기관에 문서로 청원할 권리를 가진다.

- **뜻**: 국민이 국가에 대해 특정한 행위를 적극적으로 요구할 권리. 기본권 보장을 위한 기본권으로 수단적·절차적 권리이다.
- **종류**: 청원권, 재판 청구권, 범죄 피해자 구조 청구권, 형사 보상 청구권, 국가 배상 청구권.

❓ 우리가 공기처럼 자연스럽게 누리는 권리가 모두 헌법에 명시되어 있었다니, 놀랍습니다.

💬 만약 국가가 이 헌법의 기본권을 보장하지 않고 침해한다면, 최후의 수단으로 '저항권'을 행사할 수도 있습니다. 프랑스 시민 혁명(1789), 우리나라의 4·19 혁명(1960)과 6월 민주화 항쟁(1987)이 바로 저항권을 행사한 사례지요.

❓ 기본권을 제한하는 경우도 있다고 들었습니다.

📋 국가 안전 보장, 질서 유지, 공공복리를 위해 필요할 경우, 국회에서 제정된 법률에 근거하여 제한할 수 있습니다. 물론 이때도 필요한 최소한의 범위 안에서만 기본권에 대한 제한이 이루어져야 하지요.

❓ '권리에는 의무가 따른다.' 국민의 의무에 대해서도 말씀해 주시겠습니까?

📋 국민의 의무는 크게 국가를 유지하고 이어 가기 위한 의무와 공공복리를 늘려 가기 위한 의무로 나눌 수 있습니다.

국가 유지와 존속을 위한 의무

- **납세의 의무**
  제38조 모든 국민은 법률이 정하는 바에 의하여 납세의 의무를 진다.

- **국방의 의무**
  제39조 ① 모든 국민은 법률이 정하는 바에 의하여 국방의 의무를 진다.
  ② 누구든지 병역 의무의 이행으로 인하여 불이익한 처우를 받지 아니한다.

공공복리 증진을 위한 의무

- **교육의 의무**
  제31조 ② 모든 국민은 그 보호하는 자녀에게 적어도 초등 교육과 법률이 정하는 교육을 받게 할 의무를 진다.

- **근로의 의무**
  제32조 ② 모든 국민은 근로의 의무를 진다. 국가는 근로의 의무의 내용과 조건을 민주주의 원칙에 따라 법률로 정한다.

- **환경 보전의 의무**
  제35조 ① … 국민은 환경 보전을 위하여 노력하여야 한다.

- **재산권 행사의 공공복리 적합 의무**
  제23조 ② 재산권의 행사는 공공복리에 적합하도록 하여야 한다.

인터뷰 3 헌법이 말하는 [국가 기관의 구성과 기능]

입법, 사법, 행정의 삼권 분립
서로 견제와 균형 필요해

[?] 헌법에는 국가 기관의 구성과 기능에 관한 조항이 많습니다.

[답] 전체 10장 중 3장에서 6장에 걸쳐 설명하고 있지요. 3장은 국회, 4장은 정부, 5장은 법원, 6장은 헌법 재판소에 관한 조항이 담겨 있습니다.

[?] 입법부인 국회부터 설명해 주시겠습니까?

[답] 국민의 뜻을 대신해 줄 수 있는 대표자를 뽑아 나랏일을 맡기는 것을 대의 민주제라고 합니다. 국회는 대의 민주제의 핵심 기관이라고 할 수 있습니다.

국회의 구성과 운영

국회 국민이 직접 뽑은 대표자인 국회의원들로 구성된 기관.

국회의원 선출방식
지역구 의원 ⇨ 국민이 직접 선출.
전국구 의원 ⇨ 정당의 득표율에 비례하여 선출.

국회의원 임기 4년, 연임 가능.

국회의원의 권리
- 불체포 특권 ⇨ 현행범인 경우를 제외하고는 회기 중에는 체포되지 않음.
- 면책 특권 ⇨ 국회에서 일과 관련하여 행한 발언과 표결에 관해 국회 밖에서는 책임을 지지 않음.

국회의 운영
- (의회가 단일한 합의체로 구성된) 단원제이며, 200인 이상의 국회의원들로 구성.
- 의장 1인, 부의장 2인, 상임 위원회, 특별 위원회, 교섭 단체로 구성.

국회의 권한

입법에 관한 권한 헌법 개정안의 제출 및 의결권, 법률 제정 및 개정의 권한, 조약 체결 및 비준에 대한 동의권 등.

재정에 관한 권한 예산안의 심의·확정권, 결산 심사권 등.

국정에 관한 권한 국정 감사 및 조사권, 탄핵 소추 의결권 등.

입법 과정

법률안 제출(국회의원 10인 이상과 정부) ➡ 심사(국회 소관 상임 위원회)
➡ 의결(국회 본회의에서 국회의원 과반수의 출석과 출석 의원 과반수의 찬성) ➡ 공포(대통령)
➡ 효력 발생(공포 후 20일 이후)

[?] 요즘은 해당 분야의 전문 행정 부처에서 정책을 마련하기도 합니다.

사회가 점점 복잡하고 다양해지면서 정책을 만들고 집행하는데 높은 수준의 전문성이 필요해졌어요. 특히 20세기에 들어서 국가가 복지와 공익을 강조하면서 행정부의 역할과 의미가 확대되었습니다.

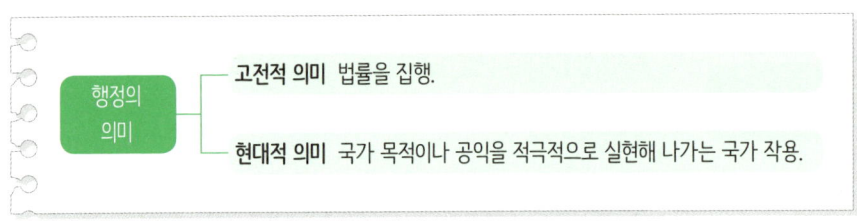

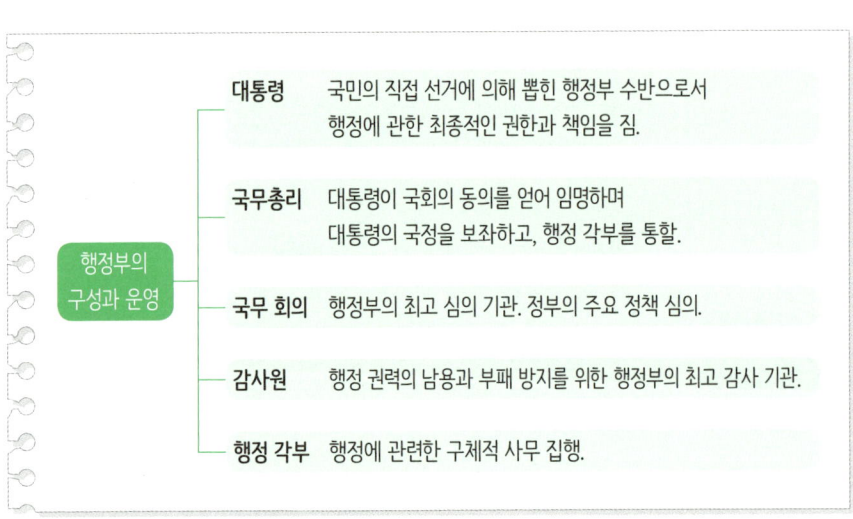

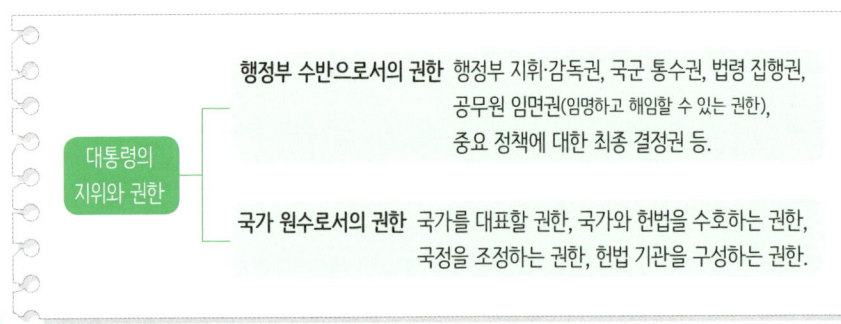

[?] 마지막으로 사법부와 헌법 재판소에 대해 말씀해 주시겠습니까?

사법권이 무엇인지, 사법권의 독립이 왜 중요한지부터 살펴보겠습니다.

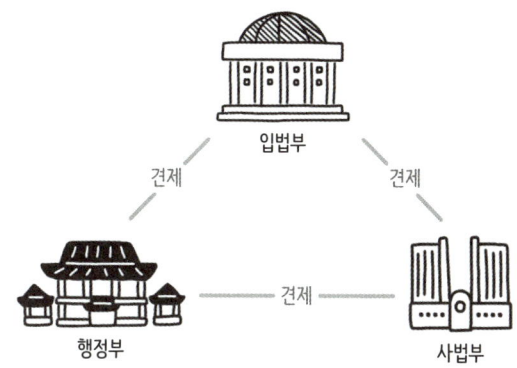

사법권

- **사법의 의미**: 어떤 사건에 대하여 사실을 확정하고 그 사실에 적용되는 법을 찾아 옳고 그름을 밝혀 분쟁을 해결하고 사회 질서를 유지함.

- **사법권의 독립**
  - 의미: 외부 권력으로부터 법원과 법관을 독립시킴
    ⇨ 공정한 재판을 통한 국민의 기본권 보장.
  - 법원의 독립: 법관의 겸직 금지, 헌법과 법률로 조직 규정, 입법부와 행정부로부터 간섭 배제.
  - 법관의 독립: 법관의 자격은 법률로 규정, 헌법으로 법관의 임기 규정, 법관의 신분 보장
    ⇨ 외부 간섭 없는, 법관의 재판상 독립 실현.

- **공개 재판주의**: 공정한 재판을 위해 재판 과정을 국민에 공개해야 한다는 원칙.

- **증거 재판주의**: 재판의 공정성과 객관성을 확보하기 위해 증거를 가지고 사실을 인정해야 한다는 원칙.

- **일사부재리의 원칙**: 형사 재판에서 확정 판결이 내려진 사건에 대해서는 두 번 이상 재판하지 않는다는 원칙.

[?] 사법부인 법원이 외부의 간섭을 받는다면, 공정한 재판이 이루어지지 않겠군요.

법원은 오판 가능성을 줄이고 공정한 재판을 하기 위해, 상급 법원에서 다시 재판을 받을 수 있도록 하는 삼심 제도(심급 제도)까지 마련해 두고 있습니다.

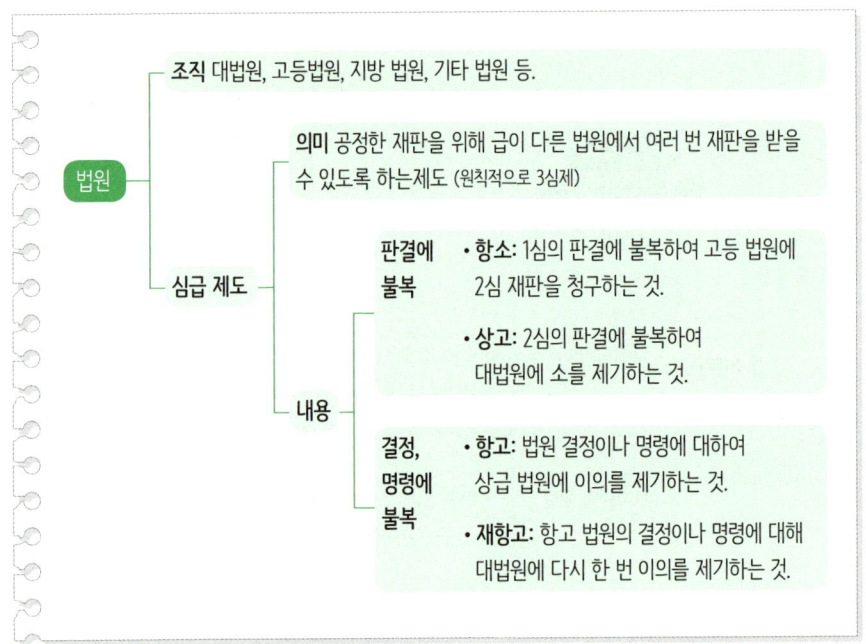

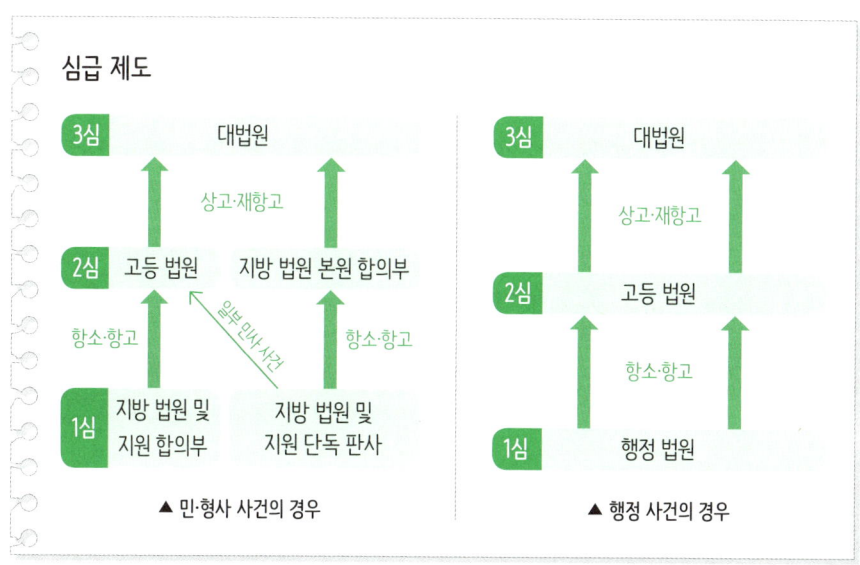

▲ 민·형사 사건의 경우   ▲ 행정 사건의 경우

❓ 헌법 재판소에서는 주로 어떤 일을 하나요?

💬 법률의 위헌 여부나 대통령 탄핵, 정당 해산 등의 판결을 내립니다. 헌법 재판소는 9명의 재판관으로 구성됩니다. 이중 3인은 대통령이 임명하고, 3인은 국회, 나머지 3인은 대법원장이 지명하면 대통령이 이들을 임명하지요. 헌법 재판소장은 국회의 동의를 얻어 대통령이 임명합니다.

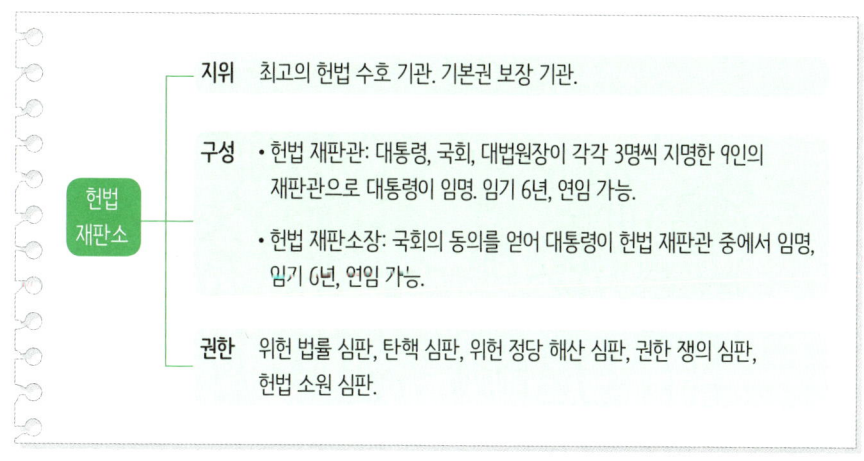

[?] 헌법의 의의부터 헌법 재판소까지, 헌법의 가장 중요한 부분들은 모두 짚어 본 것 같습니다.

[답] 국민들이 억울할 때 광장에 나와 가장 먼저 외치는 말이 바로 헌법 제1조입니다.

"대한민국은 민주 공화국이다. 대한민국의 모든 주권은 국민에게 있고 모든 권력은 국민으로부터 나온다."

대한민국의 모든 주권은 국민에게 있고 모든 권력은 국민으로부터 나옵니다. 이러한 사실을 보장하기 위해 국가와 국민 사이에 쓴 계약서가 바로 헌법입니다.

대한민국 국민이라면 누구나 헌법에 관련한 책 한 권은 반드시 소장해야 하는 이유입니다.

모든 국민은 자신들의 수준에 맞는 정부를 가진다.
- 알렉시스 드 토크빌(프랑스의 정치철학자)

사진 출처

7쪽 백범 김구 ⓒ위키피디아 퍼블릭 도메인
12쪽 프랭클린 루즈벨트 ⓒ위키피디아 퍼블릭 도메인
26쪽 나폴레옹 ⓒ위키피디아 퍼블릭 도메인
75쪽 한비자 ⓒ연합포토

| 감수자의 말 |

"대한민국은 민주 공화국이다. 대한민국의 주권은 국민에게 있고 모든 권력은 국민으로부터 나온다."
국민들이 억울할 때 광장에 나와 가장 먼저 외치는 말, 바로 헌법 제1조입니다.

그렇습니다. 대한민국의 모든 주권은 국민에게 있고 모든 권력은 국민으로부터 나옵니다. 그리고 이러한 사실을 보장하기 위해 국가와 국민 사이에 쓴 계약서가 바로 '헌법'입니다

사회가 발전할수록 정치적 이념과 가치관, 경제 활동과 직업, 문화와 취향 등이 다양해집니다.
이 과정에서 평등의 기본 원칙이 적용되지 않으면 특정인이나 집단이 특혜를 누리는 일이 발생합니다. 이를 제재하는 것이 바로 법과 제도이지요. 특히 '헌법'은 나라의 최고 법으로 국가의 이념이나 사람들이 나아갈 목표를 제시하는 만큼, 현대 사회의 주역인 청소년들이 그 가치와 의의를 이해하는 일이 반드시 필요합니다.

본 책은 총 10장으로 이루어진 헌법의 순서를 따라가며, 헌법의 가치와 의의, 국가와 국민의 관계, 국민의 기본권 보장과 의무, 국가 기관의 구성과 운영, 선거를 통한 국민의 정치 참여, 자유로운 경제 활동 등을 깊이 있게 들여다봅니다.
헌법의 각 장은 초·중·고등학교에서 배우는 사회 학습과도 깊은 관련이 있으므로, 필요에 따라 각 장의 헌법 조항을 찾아보아도 좋습니다.

법 위에 아무도 없고, 법 아래도 아무도 없다.
- 프랭클린 루즈벨트

법은 귀한 사람이라고 해서 아첨하지 않고,
먹줄은 나무가 휘었다고 해서 굽혀가며 잴 수 없다.
- 한비자

국가는 시민의 하인이지 주인이 아니다.
- 존 F. 케네디

정치를 외면한 가장 큰 대가는
가장 저질스러운 인간들에게 지배당한다는 것이다.
- 플라톤

이 책에서는 또한 명언을 통해 법과 정치의 중요성을 강조하고 헌법 조항의 의미와 의의를 보다 구체적으로 이해하도록 했습니다.
태어나 처음 만나는 헌법. 지금 학생들의 눈에 비친 헌법은 어떤 모습일까요?

헌법이 보장할 수 있는 유일한 것은
행복을 추구할 권리다.
그러나 당신은 스스로 행복을 잡아야 한다.
- 벤저민 프랭클린

정의롭고 공명정대하게 우리를 지켜 주는 헌법처럼, 우리 또한 정의롭고 공명정대한 헌법을 지키기 위해 노력해야 할 것입니다.

변호사 김한주